좋은 자세로 죽어가겠습니다

무수한 슬픔은
어느샌가 말라가고 있었다

서문

　안녕하세요. 우선 이 책을 읽어주시는 분에게 진심으로 감사의 인사를 전하고 싶습니다.

　저는 깨어나야 할 것이 너무 많았습니다. 아침에는 잠에서 깨어나야 했고, 어떤 날은 술에서 깨어나야 했고, 과거에 빠져 허우적거릴 때는 기억에서 깨어나야 했습니다. 하물며 시대 속에서 깨어있는 사람이 되고 싶었습니다. 제 이야기는 부끄러움 속에서 태어났습니다. 과거에 냈던 책은 보이지 않는 시간에 쫓겨서 썼던 것 같았습니다. 어쩌면 이 책에 대해서도 저 자신에게 부끄러워지겠지요. 아마도 이 책은 절망과 회복, 도피와 안정, 그 사이에 있을 겁니다.

　좋은 자세로 죽어가는 건 어떤 걸까요. 저는 아름답게 분노할 줄도, 영리하게 침묵할 줄도, 도모를 위해 절망할 줄도 잘 모릅니다. 현실의 바깥처럼 느껴지는 문장을 통해 이렇게나마 전합니다. 그리 많지는 않지만 스스로는 많다고 느끼는 일들로 인해 저는 무수히 깎여나갔습니다. 아마 앞으로도 그렇겠지요. 저 자신과의 갈등으로 많은 것을 배웠습니다. 그리고 타인에게는 늘 두꺼운 유리창이 존재했지요. 그 유리창을 채색하며 소란스러운 저 자신을 조금이나마 정리하려 했습니다. 하지만 여전히 복잡한 건 어쩔 수 없네요. 염세에 빠진 줄 알았으나 시간이 지나 보니 꼭 그런 것도 아니었습니다.

　종말을 입기도 전에 저는 항상 초라했습니다. 영혼의 정찰은 소박한 증오를 밀어내었고 스스로 연민하기로 했습니다.

　느릿한 빛이 되고 싶습니다.

　잔존하는 아름다움을 끝까지 부여잡으며 이 책을 읽어주시기를 정중히 부탁드리겠습니다.

　다시 한번 감사드립니다.

산문

삶　　　태
　　　　도

16　　　98

당신	아름다움
154	178

시

죽음　　　탄생

240　　　250

갈증   영원

264   276

산문

상

자신의 단상

　　산속 쓰러진 나무 같은 것. 왜 쓰러져 있는지 아무도 궁금해하지 않는 나무. 치우기도 어렵고 치울 이유마저 없는 것.

　　향기로운 세상이 아닙니다. 그렇지만 물끄러미 바라보는 것을 그만두고 자신을 스스로 사랑해야 하는 것을 조금은 압니다. 제게로 오는 가장 날카로운 시선이 바로 저 자신인 것도 알고 있습니다. 망가진 저의 얼굴은 변색된 표현으로 다소 거칠고 비열하게까지 느껴집니다.

　　저를 향한 원한은 저 자신이 가장 컸습니다. 폐허가 된 진지한 꿈, 한순간 고여버린 위로의 패배가 초 단위로 시력을 뽑아내려 했습니다.

　　태도에 관해서 묻습니다.

　　저만이 알고 있는 흘려보낸 가죽들이 발목을 잡아당깁니다. 당신은 세상을 어떻게 바라보고 있습니까.

저는 제게서 끊임없이 버려집니다.
이젠 진심으로 그만하고 싶습니다.

고마운 사람들에게 미안하지만, 어디 멀리 여행을 떠나갔다고 생각해 주기를 바랍니다.

아무에게도 영향을 주고 싶지 않아졌어요.

존재하는지도 모르는, 영원히 알 수 없는 비밀이 되고 싶어서.

드러난 저를 감추고 감추는 저를 또 감추고.

소박한 저를 그 누구에게도 발설하지 말아 주기를.

문자로 완전히 기록할 수 없는 서툰 짐승이 사라지는 것은 그림자와 같으니.

저는 도저히
알 수가 없습니다.
살 수가 없습니다.
할 수가 없습니다.

당신의 상식이 저를 울리는 세상이 되기도 했으니까요.

저의 과거를 주워봅니다.
이것은 저의 미래이자 현재였고 도무지 알 수 없는 무너짐이었다고.

   살아가는 것은 죽어가는 것과 같다고.
   그냥 그렇게 받아들여 주세요.

   부탁입니다.

포기하는 것

모든 사유와 행동을 내려놓고 싶습니다.

최근까지 주무르던 기억을 내려놓았습니다. 할 수 있는 게 분명히 있었던 것 같은데. 제 안의 갈등과 견해 속 일그러진 철근이 저의 내장을 찌르고 있었습니다. 축축한 기분과는 또 다른 어떠한 유형의 공허 또는 외로움. 저의 삶은 조금도 더 나아지지 않았습니다. 안정을 바라는, 아니, 원래 저는 이런 유형의 인간이 아니었을까요. 그토록 바라던 안정을 찾더라도 또다시 텅 비게 되는 쓰레기통처럼. 그렇게 비워지고 채워지기를 반복하다 어느새 녹슬어버릴 것만 같았습니다.

무너진다는 표현을 많이 쓰다 보니, 무너지는 것은 무너진 잔해가 또 무너진 것이 되어버렸습니다.

몸이 자주 아픈 것은 괜찮았습니다. 고열이 찾아온다던가, 상처가 난다던가, 그런 것은 시간이 지나면 이겨낼 수 있었으니까요. 그렇지만 보이지 않는 곳. 얼마나 큰 상처가 있는지도 가늠할 수 없는 내면은 괜찮지 않았습니다. 회복한다고 생각할수록 보이지 않는 짐만 늘어갔습니다.

아무것도 하지 않으면 아무렇지 않을 수 있을까요. 그렇지 않습니다. 저는 쉴 새 없이 점멸하고 있습니다.

저는 이동하는 것을 포기한 채 그대로 고여있었습니다. 문장과 사람 사이에서 짓이겨져 머리가 터져버린 것 같았어요. 내일을 기대하는 것. 만남에 설레는 것. 도무지 노력해도 진전이 없었습니다. 내 가치가 조각난 채 가벼운 소나기에 젖어 사라집니다. 그동안에도 내가 지불한 것은 없었으니까요. 도망갈 곳도, 편하게 잠을 잘 곳도 존재하지 않았습니다.

제가 간신히 목도할 수 있었던 것은 기괴한 계절에 피를 흘리는 아이의 성숙한 목소리였습니다.

갈증

봄의 안쪽으로 날씨가 기울 때 부각된 하늘이 나를 조여온다. 무언가가 시작되는 하늘과 땅. 손끝으로 건드리는 모든 것은 생기가 넘친다.

밖의 생기가 넘칠수록 나의 재산이 되어버린 불안이 쌓인다. 불안의 자재들이 혼신을 다해 움직인다. 여기저기 얼룩진 불안을 바라보며 흘려보낸 과거를 생각한다.

오늘도 같이 있는 불안과 내 안의 잘못을 되새기며 바람을 맞이하는 것은 절망과 희망의 작은 차이 정도라고 느껴진다.

하루치 희망

무해한 여행을 하고 싶었습니다. 좋지 않은 영향이 전혀 없는 여행. 객관적으로 생각해보면 그런 여행이 존재할 수나 있을까 싶었지요.

엄마

엄마, 나는 왜 살고 있는 거야?

나는 왜 글을 쓰고 있는 거야?

나는 왜 정신적으로 아픈 거야?

나는 왜 가난한 거야?

나는 왜 충분하지 않아?

나는 왜 행복할 수가 없는 거야?

나는 왜 이토록 아름다운 세상을 삐뚤게 바라볼 수밖에 없는 거야?

나는 왜 매번 실패하는 거야?

나는 왜 기억하려고 해도 과거가 떠오르지 않는 거야?

나는 왜 긍정적이면서도 우울한 거야?

나는 왜 어리광도 제대로 못 부려서 이런 글을 쓰고 있는 거야?

나는 왜 이렇게 주변인들에게 미안하고 죄스러운 거야?

나는 왜 엄마만 생각하면 눈물이 나는 거야?

엄마, 나는 왜 이럴까

불안에 대해서

소모와 소모 사이에 손해를 결정하는 건 나 자신이었어요. 저는 매일같이 술을 마시고 있었습니다. 어떤 상황이나 사건이 일상으로 침투해 저를 뒤집어 놓는 것은 제가 가진 '불안' 때문이었죠. 이 때문에 항상 마음의 준비를 하고 있지만 그러한 준비를 뛰어넘는 파괴범들이 존재합니다. 그런 일을 겪고 나면 머리가 멍하고 일이 손에 잡히지를 않죠. 아마 빌딩 사이로 불어오는 바람을 갑자기 맞아 머리 스타일이 망가지는 것을 대비할 수 없는 것처럼요. 매 순간마다 긴장하고 사는 것은 정말 스트레스입니다.

우습게도 저는 그러한 불안으로 호흡들이 엉망이 되어도 좋습니다. 제 일부가 되어버린 것들을 사랑하기로 했어요. 아마 저 자신도 이런 태도는 평생 이해할 수 없을지 모릅니다. 자신을 평생 연구해도 모를 것 같아요. 이 무지함을 그냥 수용하기로 했습니다. 그리고 그 연구는 계속 진행될 거예요.

한동안은 계속 그러기로 했습니다.

무너져가는 것에게

걱정의 독단성으로 인해 피해를 보고 있습니다. 이러지도 저러지도 못하는 사이에 피해의 두께가 금세 두꺼워져서 낮에 밤하늘을 상상하는 빈도가 잦아졌습니다.

이런 저의 상태를 이야기하자면 바람 앞에 촛불 같습니다. 여기서 바람의 입장은 안타깝습니다. "왜 하필 내 앞에?"라는 의문을 가질 수 있지는 않을까 했죠. 촛불과 바람은 죄가 없습니다. 저는 바람이기도 하고 촛불이기도 했지요. 이런 정체성에 혼란이 오는 일은 잠에서 깨어나 무기력과 조곤조곤 대화할 때 빈번했습니다. 마냥 이입하다 보면 바람도 촛불도 걱정도 문제도 스스럼없이 머리를 만져주길 바라는 것은 아닐까요.

보이지 않는 내면이 무너지는 걸 목격하거나 체감하는 것은 쉽지 않습니다. 소중한 관계를 떠나보낼 때, 저도 모르게 부정을 했고 받아들일 수가 없었지요. 받아들이기에는 너무도 소중했으니까요. 하지만 별안간 다시 괜찮아질 나를 상상해보았습니다. 시간 속에서 자연스럽게 떠밀려가듯 언젠가 메마른 기분이 들고는 하겠지요. 또다시 저는 결코 배워보지 못한 갈증이 올 것입니다.

　이별은 항상 다른 갈증을 겪게 했습니다. 항상 밤하늘 아래 있다면 이 갈증은 해소될 여지가 전혀 없을 것만 같습니다.

방의 온도

낙엽처럼 일상이 으스러지는 한낮. 누군가의 영향을 기분 좋게 받아들이며 하루를 부화시키는 중이었다. 어떤 단어, 어떤 문장이 샘솟았고 턱에는 나사가 빠진 듯 숨을 쉬기 바빴다. 눈을 감으면 뜨문뜨문 별이 보였다. 열 보존이 진행되는 방. 내가 챙기지 못한 글들이 괴로운 표정을 하며 술을 마시고 있었다.

나열되는 기분. 질긴 울음소리.

가끔 방에 파도가 친다.

결별

　불확실을 말하는 순간 마음의 집이 불타 없어졌다. 사람들은 도망가기 시작했고, 불을 끄려는 자는 아무도 없었다. 매연으로 호흡이 차단당했고 보이는 것은 모두 검게 타들어 갔다. 단편적으로 무너질 것 같은 모양의 어떤 장치. 모든 것은 푹하고 꺼져버렸다. 땅 아래로.

　배부른 인간보다 배고픈 꽃이 되고 싶었다. 다음 단계로의 재생. 희망을 아끼는 일은 어려웠다.

　없어지기를 바라는 게 뭐야?
　네가 간절히 바라고 원하는 것.

　굳어버린 증오가 덩그러니 재가 되어 남아있었다. 일순간 부끄러운 표정을 감출 수가 없었다. 어느 쪽으로 가고 있나요. 나는 반대로 갈게요.

　제 기능을 잃은 얼굴에 패배를 겨눈 채

따뜻한 먼 곳으로
더는 그립지 않은 곳으로

타버린 질감의 죽은 바람. 그것 또한 하나의 장치이기를.

방황

　인정하기 싫은 삶이었다. 긴 문장을 쓰기가 버거워서 할 수 있는 게 없었다. 긴 꿈을 꾸고 나니 할 수 있는 게 정말 아무것도 없었다. 낮잠을 자고 나면 밤을 도피할 기회가 없어지는 것만 같았다. 꿈에서도 현실에서도 무능력자였다. 모든 것에 미안했다. 발전적으로 산다는 건 무엇일까. 나는 절실하게 방황 중이다.

"불안이 기적적으로 산발하는 사색의 순간은 대체로 사라지며,
소수만이 가장 밑으로 가라앉는다."

버림받는다는 것

    제가 저를 버리는 건 수백 번, 수천 번 해봤기에 견뎌낼 수 있습니다. 하지만 누군가가 저를 버리는 것은 여전히 버티기 어렵습니다. 금방이라도 울 것 같은 표정은 누구에게도 보여줄 수가 없었지요. 마주하기도 두려운 순간을 우리 모두가 멀리 떠나보내고 있는 것만 같았습니다.

    가끔 보이는 환영이 있습니다. 어두운 방 안에서 보이는 희미한 불빛. 지금의 저는 눈이 점점 멀어 갑니다. 텍스트도 영상도 하물며 풍경도 짓눌려 보입니다. 무슨 일이 벌어지고 있는 걸까요.

    기대고 싶었습니다. 도망가기 싫었습니다. 손잡아도 따뜻한 기분을 느끼지 못했습니다. 제게서 멀어지는 위로와 담담하게 들리는 노래들.

    손가락 마디마다 늘어나는 울음을 밖으로 내어놓습니다. 얼어붙은 것들은 깨지기 쉬우니까요.

얼굴 위로 겹겹이 쌓이는 것들과 저는 어디로든 슬그머니 돌아갈 것입니다.

아프다는 것

　호흡이 불균형합니다. 심장이 입 밖으로 튀어나올 것 같고요. 고통은 사람을 변모시키지요. 깊게 사유하는 것은 항상 판단을 유보시킵니다. 너덜너덜한 생각의 책상을 정리하다 기다리는 질문들에 조금씩 답을 하고 나면 수명이 깎이는 것 같은 기분이 들었습니다. 세상은 집중을 기다리지 않으니까요.

　형성되는 문장과 단어들. 과거 속 잘못은 생명이 존재합니다. 꿈틀거리는 죄책감. 진실한 반성과 참회가 사람의 또 다른 단면을 일깨워주는 것처럼요. 아파서 뱉는 신음. 멋모르고 걷습니다. 부식된 내용과 사과. 선한 빛으로 온몸을 씻고 싶습니다.

　땅으로 쓰러진 색은 짓밟히는 중이라고 생각해도 되는 걸까요.
　저 자신을 사랑했던 순간들이 둥둥 떠다닙니다.

　아프다. 죽도록 아프다.
　최대한 죽음을 여민 채 눅눅한 채광에 생각들을 터트립니다.

차가운 바탕 위 비틀거리는 애환이 쓸쓸하게 느껴집니다.

더 살아도 괜찮은 걸까요.

꽁꽁 얼어붙은 마음

 덕지덕지 붙어 엉켜있는 감정들을 어떻게 한 단어로 표현할 수 있을까요. 구태여 나열하더라도 그것이 온전히 전달될 수 있을지요. 쉽게 전달된 것은 쉽게 사라지고는 합니다. 어지러운 기분을 느꼈을 때 저는 가끔 단순화하고자 했습니다.

 햇살이 거칠게 느껴집니다. 하루의 손잡이가 멀게만 보였고 현실에 맞닿은 신체는 수차례 담금질해야 간신히 일어납니다. 집어삼키기로 마음먹었던 부정적인 것들이 다시금 느껴지고, 이를 떼어낼 수가 없을 것 같습니다. 달라진 마음의 무게. 온종일 무겁기도 하고 가볍기도 합니다. 맨손으로 그림자를 만지고 뚫린 구멍으로 숨을 불어 넣기도 하면서, 하루는 그렇게 뒤섞인 어떤 소음 같습니다.

 남들 눈을 의식해서 나를 꾸며보기도 합니다. 과연 그게 어울렸을까. 모르겠습니다. 어떤 사람에게는 비호감이고 어떤 사람에게는 호감으로 보였을지도 모르지요. '누군가에게 제 속마음을 들켰으면 좋겠다.'라고 생각합니다. 다분히 후회할만한 생각이고 부끄러운 상황이지만, 그만큼 누가 나를 알아주기를 바라기에 그랬습니다.

꽁꽁 언 호수 위로 저의 생각들이 나열됩니다. 미끄러지듯 조금씩 움직이고 서로 합쳐지기도 합니다. 호수는 서서히 녹아가고, 생각들은 호수에 빠져서 허우적거립니다. 어떻게든 살아보려 발버둥 치면서요. 그러다 다시 겨울이 오고 호수는 얼어붙습니다. 부끄럽지만 저의 이상과 현실이 이렇습니다.

도무지 알 수 없을 때. 숨을 꽉 잡고 버텨야 했습니다. 잠식되어버리면 텅 비어버린 마음이 되고 말 테니까요.

불안의 이미지

기근이 발하자 주변의 사람 형상을 한 모든 것들이 떠나갔다. 눈을 보면 알 수 있다고 했다. 알고 싶지 않은 상처의 깊이. 상처의 선행은 차츰 넓어져 가며 무의미해지는 범위라 가늠은 가능했다. 흔들리는 생각. 긍정의 지반은 깊어질 새 없이 무너져갔다.

하늘색 천장은 넓이를 잴 수가 없었다.

저 너머 무엇이 있을까.

사랑이란 것은 존재하는 걸까.

초라한 비구름이 될 수 있을까

　　시간의 허비였을까요. 시를 읽고 쓰는 것. 무수한 별 중에 저의 별에 있다고 착각했습니다. 달콤한 상상 속에 스스로 가두었습니다. 그래도 천천히 과거를 혼내며 조심스럽게 현재를 조립했지요. 하지만 잠잠히 쓸려가는 낙엽이 되고 싶어졌습니다.

　　도착하지 못한 별빛. 맑고 투명한 말투를 품에 지녔던 그 시인은 좋은 곳으로 쓸려갔는지 궁금해집니다.

　　물음을 되뇌다 과거의 행적을 떠올렸습니다. 텅 빈 집들끼리 왜 그렇게 쉬운 길 앞에서 서로를 노려보는 걸까요. 전부 손바닥에 올려놓고 주물러 작게 만들고 싶어집니다.

　　사라지는 노래를 들었습니다. 다시금 들어도 사라지고 있었습니다. 진심으로 슬픈 것은 내가 그 노래를 위해 해줄 수 있는 게 아무것도 없다는 것이었습니다. 눈물이 고입니다. 묵직한 숨 속에서 가련한 숨 하나를 찾아낼 수 있다면 난 특별해질 수 있을까요.

저는 그러지 못했습니다. 다시 볼 수 없다는 것만 생각하면 눈물이 쏟아졌지요. 속으로 죽어가고 있었습니다. 이상하게도 슬픔의 방향은 여러 개였지요.

아직도 흐르다 휘청이는 것은 저 또한 사라지고 있기 때문일까요.

어느 새벽

빛이 잘 보이는 어느 새벽, 혼자 구르고 꿈틀거렸다. 단번에 죽고 싶었다.

생각은 떠돈다

　동기부여가 절실합니다. 이틀 동안 방전되어 무기력하게 누워있었습니다. 누군가는 이 시간에 좀 더 나은 삶을 살고 있겠지요. 몸을 일으킬 이유를 생각조차 못 하고 있습니다. 그냥 저는 누워있었습니다. 어딘가 아프지도 않고 어딘가 슬프지도 않아서 딱히 빛나고 싶다는 기분도 들지 않았습니다.

　고독과 우울은 왜 미숙한 것으로 취급받는 걸까요. 사회에 아무런 이익을 주지 못해서일까요. 쉽게 살려고 하는 것처럼 보여서일까요.

　스스로 상처를 돌보지 못한 채 혼자가 되려는 근육이 발달합니다. 느슨한 길의 위협은 자못 따가웠지요. 제가 가진 아픔은 쪼그라든 품속에 아무것도 든 것이 없는 병이 됩니다. 조급하지 않게 천천히. 눈에 안 보이는 병을 다독여 보려 합니다.

　저는 조금씩 부유할 것입니다.

성향

생각의 문을 굳게 잠근 걸까요. 한계에 부딪히는 건 역경이었습니다. 이런 상황은 전혀 가늠이 되지 않았습니다.

간단한 것도 머릿속에 들어와 빙빙 꼬이면서 납득할 수 없게 되었지요.

저의 사정은 간략했습니다. 하지만 타인의 사정과 엮일수록 복잡해져서, 객관적으로 바라보기가 어려워졌지요.

스스로가 삶의 답을 찾는 것은 클래식합니다.

환상이라는 장막이 거둬지면, 남는 것은 현실 속 작은 부피를 가진 나약함이었지요. 시작부터 이미 오류로 가득한 것만 같았습니다. 꺼져가는 불씨를 조금씩 살리는 것처럼 살고 있었습니다. 좋은 이야기가 결핍된 어두운 면은 누군가에게 인정받지 못하고 누군가에게 공감을 줄 수도 없었지요. 그렇다고 해서 그만두고 싶지도 않았습니다.

사람들의 경계를 넘어가 어떠한 굵은 글씨가 될 수 있을까요. 두꺼워지는 눈꺼풀이 딱딱한 저녁 공기를 좀 더 힘 있게 밀어내었습니다.

이 세상에 없는 시인의 시를 읽는 것

　삼킨 밤이 속에서 엉키기 시작하면 아무런 소리를 낼 수가 없습니다.

　타인과 대화를 나누다 보면 쓰러질 수 있는 나무가 있음을 깨닫고 저의 의지와 상관없이 작은 중력이 느껴집니다. 쓸모없는 이름과 껍데기. 그것을 잘라낸 단면은 오염되어 있을까요. 인용할 수 없는 문장을 제가 사용하기는 벅찼습니다.

　중단된 허기. 아무것도 없음을 인지하는 순간들. 더욱 차갑게 느껴지는 바깥공기. 그렇게 딴생각이 떠오릅니다. 스스로 좋은 사람이 아님을 되뇌며. 자책의 뒷면은 긍정적입니다.

　정해두었던 죽는 날에 애꿎게도 고개를 드는 삶의 의욕이 더없이 황홀한 것처럼, 숨이 붙어 있음을 애도합니다. 정확하지 않은 날들 속 흐르는 달력을 다 뜯어내고 다시 보지 못할 당신들을 기억하면서 끙끙거릴 것입니다.

왜?

    도달하려는 노력도 없이 감히 물음을 가질 수 없었습니다. 포기를 포기하고 싶고 늦은 고백도 던져보고 싶었지요. 감각해 보았습니다. 삶이 겨우 이 정도로 연결되어 있었나요. 머릿속이 일련의 음으로 정리가 되지 않았습니다. 몇 번이고 나를 들여다보았다는 표정. 어서 나가주세요. 더는 견디기가 힘듭니다.

    누군가의 표정을 읽으려고 하지 않았습니다. 벽처럼 지어지는 것들. 그런 건 다 이유가 있겠지 생각했지요. 서로 맞지 않으면 대단한 결정인 양 그만 보는 게 아니라 그냥 그런 채 두는 거였습니다.

    입 안에 있는 것의 색깔은 알 수가 없었습니다. 뱉어내는 숨과 몸체를 달그락거리며 맞춰보는 속도를 같게 할 수는 없을까요. 같은 속도라는 이유로 몇 명을 찔러 죽였습니다. 절실한 척 뛰는 심장은 다른 사람과 같은 색깔이었습니다. 분명할 수 있던 모든 것이 산산이 조각났지요. 그래도 잘살고 있다고 이대로 숨을 쉬어야 했습니다.

자, 천천히 숨 쉬어봐. 괜찮니?

그만두고자 할 때 들리던 목소리가 이제는 기억이 나지 않습니다.

"당신들은 가끔씩 제 방에 다녀갑니다, 실제적인 과거는 안개처럼 뿌옇고 덜컹거리는 장면만 남아있습니다."

고약한 우연

　희망을 기워 붙인다. 이렇게라도 살지 않으면 견딜 수가 없어서. 멀리 보이는 그림을 향해 좁은 경사면을 조금씩 올라탄다. 거짓된 자극은 믿지 않는다. 쓰러진 시체들. 널브러진 향기가 코끝을 찌른다.

　어떤 면은 상처로 가득한데 먼지에 뒤덮여 잘 보이지 않을 때가 있다. 직접적인 관계의 재난을 피해 멀리 떠나고 싶다는 생각이 들면 동공의 테두리를 매만지다 낡은 것의 이유를 찾는다. 있을까. 매달릴 작은 이유가.

　검은 소년이 동전을 들고 있다. 자유로워 보이는 건 큰 가난을 마주해서 그런 것이다. 동전의 양면은 모두 뒷모습처럼 보인다.

　적당한 시기는 무너진 어둠을 좀먹으며 분열되고, 상처로 만들어둔 희망 체계가 가슴에서 크게 갈라진다. 흐르기도 했고 뭉치기도 했다.
　"타인을 보고 있자니 미쳐 돌아버리겠어."

다시금 생각해야 한다. 깜빡이는 기회를 알고 있다만, 스스로 부서진 채로 가열을 시작하면 그림자가 붙은 땅속에 갇혀버린다.

어쩌면 알고 있다. 우연이라는 것을.

나의 색깔

정체성이 흔들린다. 가끔은 스스로 이겨낼 수 없는 상황에 처하기도 한다. 그럴 때면 내리는 빗방울들이 다시 위로 올라가기를 바란다. 타인과 나누는 담화를 조금씩 곱씹으며 세상을 조금 내려놓는다.

어쩌면 당장 내일 죽을지도 모르면서도 살아갈 수 있는 힘은 어디서 나오는 걸까. 영화나 드라마처럼 멋진 부분만 편집해서 살 수는 없을까. 설레는 기분을 느끼지 못한다. 여유가 있을 때나 설렘을 느낄 수 있는 건지. 삶 속의 틈은 이토록 없지만 내 안의 빈틈은 지독히도 깊게 느껴진다.

나의 뒤에서 일어나던 일을 감추다 보면 하늘은 그저 파랗다는 것을 알고 있다. 물론 보이지는 않겠지만 눈앞에 하나씩 내놓다 보면 하늘이 파랗든 검든 아무런 상관이 없게 된다. 어지럽지만 않으면 다행이지.

나는 무엇을 할 수 있는가. 가상의 창을 통해 최악의 수를 상상해본다. 최악은 최악을 낳고 바닥은 더욱 내려갈 공간이 존재한다. 바닥은 없다. 실재하는 것은 최악보다 조금이나마 덜하기를 바라는 옹졸한 나의 정체성뿐이다.

어쩌면 이런 오류를 통해 나의 처신이 잘못된 것을 알더라도 예외적인 굴절 같은 게 있기를 바란다. 그래도 살아내야 하니까. 그래야만 정체성이 조금이나마 색을 가질 수 있으니까.

비행

　　상처의 소통은 언제나 착하거나 아름답지 않습니다. 자아의 결핍은 불편함을 초래하고 소통을 무용하게 만들지요. 자아를 말하는 동안 타자는 늘 서늘해지는 것 같았습니다. 이런 것은 저를 좀 더 연극적으로 행동하게 만들었지요. 제 위에 저를 덧씌우고 또 씌우며 그렇게 살고 있는 것은 저뿐만이 아니었습니다. 파란 하늘의 구름은 평화로워 보입니다.

　　상처를 타자화시켜봅니다. 결국 이루어지지 않는 사랑처럼. 소모적으로 눈에 띄게 남아있는. 아직은 잘 모르겠습니다.

　　사방에서 태어나는 것들. 존재를 위한 존재들. 잘살고 있는 걸까요.

　　비행기 접는 법은 잊어버릴 수가 없습니다. 어린 시절 무수히 접었던 비행기를 기억합니다. 어떻게 하면 더 멀리, 더 오래 날 수 있을지 연구하며 접었지요. 지금의 저는 비행기를 접던 소년이 아닌 주름이 많고 조금은 찢어진 종이비행기입니다.

바람을 맞습니다. 시원합니다.

잘 나는 법을 누구에게 배운 적은 없지만.

지금보다 조금이나마 더 잘 날 수 있기를.

그게 전부입니다.

잘 닦은 서로의 세상

두 눈을 뽑아버리겠다는 건 세상을 보고 싶지 않다는 것. 파괴되고 재생되는 것들을 바라봅니다. 우는 것이 음악처럼 느껴질 때가 있습니다. 아름다운 눈동자를 떠올리고 스스로 아파하며 울었지요.

슬픔은 여백 없이 꽉 차 있습니다. 그럼 관계의 숨이 끊어질 때 끝을 가득 채워보는 것은 어떨까 싶었지요. 아마 내게 마음의 총량이 있다면, 죽기 직전까지도 끝까지 소모시키며 죽어갈 것입니다. 사랑을 전하는 입은 무척이나 아름다우니까요.

그렇게 모든 것은 흘러갑니다. 너무 느려서 지루하게 흘러갈 때도 있고 너무 빨라서 아쉽게 흘러갈 때도 있습니다. 좋은 것도 나쁜 것도 결국 흘러가지요. 보고 싶지만 보기 싫은 것. 지루하지만 아쉬운 것. 조금씩 살아내는 것.

흘러가는 것은 어찌 보면 잘 닦은 서로의 세상을 나누는 과정은 아닐까요. 사실 세상은 닦지 않아도 빛이 나지만 말입니다.

길은 여전히 혀처럼 말리고

저 너머를 횡단할 수 있을까요. 몸 안쪽은 요란하게 울리고 있고 위태로운 하루가 또 지났습니다. 하늘은 여전히 맑다가도 흐리고, 흐리다가도 맑지요. 의외로 간단한 것이 저의 목을 조여오고 아무런 말도 할 수가 없게 됩니다. 미래가 절단된 것 같은 기분은 고여서 썩어버린 것 같은 기분보다 더 절망적이지요. 현재가 정말 아무런 소용이 없다고 느낍니다.

아이들이 하늘에서 땅으로 떨어진다는 시를 본 적이 있습니다. 제가 하늘에서 땅으로 떨어진다면 그 순간만큼은 아이가 될 수 있을까요. 삶은 불에 타고 있습니다. 언젠가 소진되어 재만 남겠지요. 잠시라도 좋으니 아이였던 그때로 돌아가 보고 싶습니다. 지금의 시선으로 그때를 보고 싶습니다. 앙상한 태도를 조금이나마 바꿀 수는 없을까요.

자신에게 편집적인 것은 충분히 가학적입니다. 하늘이 여러 갈래로 갈라지고 땅으로 줄기차게 한숨을 뱉어내도 아무것도 바뀌는 것은 없습니다. 충분히 익어버린 바나나가 다시 색을 찾을 수 없는 것처럼, 멍든 내면은 좀처럼 다시 돌아오지 못해서 씻고 또 씻어내도 그대로입니다. 죽지만 않으면 다행인 걸까요.

쏘아버리고 싶은지. 쏟아내고 싶은지. 토해내고 싶은지. 배설하고 싶지만 도저히 방법을 모르겠습니다.

그저 약점을 뱉는 나의 호흡이 길어지기를 바랍니다.

증명의 레이스

슬픔으로 가득 찬 일상을 보내다 정말 가끔씩 행복과 비슷한 감정을 느낍니다. 온전히 행복한 감정은 아니지만 다른 듯 비슷한 것. 행복한 삶을 살고 있다면 전혀 알아차리지 못했을 만한 그런 감정. 그런 것 때문에 조금은 살고 싶어집니다.

육체와는 다른 영혼의 숨소리. 영혼은 가끔씩 호흡의 권리를 찬탈합니다. 죽음으로부터 가까워지는 것이 아니라 좀 더 멀어지기 위함이지요. 모래로 만든 두꺼비집처럼 저의 정신은 나약합니다. 나뭇가지를 두꺼비집에 정상에 꽂아두어도 사회는 고약한 증명을 원하니까요.

제가 알고 있던 슬픔의 깊이는 내적으로 보면 오히려 더 별 것 없습니다. 저의 가치는 가뭄으로 시작된 권리로 제게는 너무도 낯설지요. 제가 '존재'하는 것과 '증명'하려는 것은 일상 속에서 어쩌다 찾아오는 행복 같은 것과 비슷하지만 다릅니다. 제 영혼이 숨 쉬던 흔적이 남는다면 글이 아닐까 하고 막연히 생각합니다.

전보다 더 돌아가려 합니다. 그럴 필요는 없지만 저는 그럴 것입니다. 어디가 아파서도 아니고 게을러지고 싶어져서도 아닙니다. 각자가 다른 것을 인정하며 달리는 레이스도 좋지만, 다르게 숨을 사용할 수는 없을지 생각해보려 할 테니까요.

물결치듯 파도처럼 사랑받는 것

저는 오랫동안 형체가 없는 것이 고통스러웠습니다. 모든 행동이 죄스럽게 느껴지고 괜히 바라는 게 많았습니다. 그저 내게 "너는 아무 잘못이 없어."라고 이야기해준다면 후회 없이 그 자리에서 모든 눈물을 쏟아낼 수 있을 것 같았습니다.

좀 더 행복해지기 위해서 몰래 몸을 일으킵니다. 나무 아래에서 잠이 들고 싶습니다. 그러기에는 자신이 없었고 저는 옹졸하게 여유가 사라진 주변 공기를 탓합니다. 중력이 바람처럼 날리면 중심을 잃어, 서 있는 방법을 다시 생각해야겠지요. 또 바랍니다. 너무 아름다운 병이기를.

라이터와 꽃잎은 어울릴 수 없는 걸까요.

목 끝까지 차올라 간신히 이야기합니다. 저는 사랑받고 싶습니다.

사라지는 것들

종종 있었다. 미래라는 것이 그려지는 순간.

어떤 구멍으로 들어왔다. 아무도 없는 세상에서 오롯이 혼자인 것. 숨을 쉬자 콘크리트 냄새가 났다. 여기에 적은 없지만 보이지 않는 곳에 존재했다. 쏟아지는 졸음. 하지만 구멍은 잠들 수 있는 공간이 아니었다.

무작정 기다리는 사람. 나는 그 뒤에 있었다. 선선한 바람에도 쉼 없이 흔들리는 내 모습을 들키기 싫었다.

내 세계의 가난을 쫓아내고자 했다. 가난을 쥐어짜고 바쳐도 그 속에서 살아야 했다.

어떻게든 연명하며 문장을 적어내더라도 눈치껏 버려야 했다. 생존해야만 이해받을 수 있다는 사실이 감각을 날카롭게 만들었다. 떳떳하게 하늘을 보고 싶었다. 기다리는 이유를 도무지 알 수 없던 내 앞의 사람과 마주하고 싶었다.

물어봐도 대답은 없었다. 그저 걷잡을 수 없는 소음이 존재했다.

과거에 두고 온 내가 발화하고 있었다.

반성

멍드는 것에 익숙해질 즈음 유재하의 노래를 들으면서 기형도의 시를 필사했습니다. 쏟아지는 사유가 저를 서정적으로 만드는 걸까요. 제가 뱉는 숨이 모두 끔찍하게 느껴졌던 것. 오염은 흐르는 시간에 씻겨 나갔습니다.

저는 자신에게 상해를 입히고 훔치고 침을 뱉었습니다. 마음에 구멍이 난 채로 간신히 호흡했지요. 대체 언제쯤 멀쩡해지는 건지 궁금하지도 않았습니다. 그게 당연했으니까요. 기억은 편집되어 있었습니다. 앞으로 어떻게 쓸 것인가. 도달하려는 그 무엇은 피구 공처럼 공격적이었습니다.

썰매를 타고 내려갑니다. 흩날리는 진눈깨비 속 핸들은 없습니다. 흔들리는 건 저인지 썰매인지 세상인지. 눈이 녹으면 경사는 거칠게 상처를 내지요. 보이지 않는 상처에 쓸쓸합니다.

어느덧 경사는 사라집니다. 마음의 문고리는 어떻게 생겼나요. 미는 걸까요, 당기는 걸까요. 어쩌면 체온에 반응하면 사라지는 걸지도 모릅니다. 파란 하늘이 보입니다. 붙잡아둔 의식은 귓가에 매달려있었지요. 시작은 이미 끝과 만난 적이 있습니다.

의식이 낙엽처럼 바스락거립니다. 들립니다. 천천히 받아들입니다. 지워내던 고통의 경도가 훼손된 시야를 알음알음 뻗게 합니다. 귀는 눈으로, 눈은 마음으로. 조금이나마 담아둔 저에게 갈 것입니다.

저는 제게 저를 맞추려 합니다.

거리

　성공의 냄새를 맡는 것. 그것은 희망적인 일이었습니다. 어느 순간 저는 코가 고장 났지요. 연애를 하는 일도. 음식을 먹는 일도. 널브러져 자는 일도. 성공의 냄새를 맡는 일도 일순간 멈춰있었습니다. 저는 이 굴레를 하루빨리 해치워야 했습니다.

　돼지우리 같은 집을 정리하고 담배를 피웠습니다. 집 안을 정리하니 음식이 당겼습니다. 포만감이 느껴질 때까지 먹는다면 이 기분을 그르치겠지요. 한숨을 내뱉으며 침대로 돌아왔습니다. 아니요, 다시 밖으로 나왔습니다. 돌아가면 이 거지 같은 삶이 계속 이어질 것만 같았습니다. 온몸을 씻었습니다. 박박 씻어냈습니다. 몸에 여유란 것이 나올 때까지요. 저는 요즘 샤워를 빨리 끝내는 편입니다만 전에는 오랫동안 씻으며 생각을 정리하던 제 모습이 문득 떠올랐습니다. 지금은 손톱만큼도 여유가 없습니다.

　길거리에 나오며 날씨가 참 좋다는 생각이 들었습니다. 소설이나 만화에서 주인공이 내뱉을만한 대사를 생각하며 거리를 걸었습니다. 목이 메었지요. 공황이 올 것만 같았습니다.

어쩌면 숫자에 지배당하며 살고 있는 것은 아닌가 싶었습니다. 머리를 한번 휘젓고 하늘을 보았습니다. 하늘은 숫자가 없으니 제가 가질 수 있는 최소한의 자연권 같았지요.

언젠가 미국의 '소호'라는 거리를 가보고 싶었습니다. 거리낌 없는 예술가의 거리라고 잡지에서 본 것 같았습니다. 그것이 언제 적인지도 정확히 기억이 나지를 않아서 머리를 쥐어짜며 기억해냈지요. 저는 거리에서 뭘 찾고 있던 걸까요.

저는 희망을 저울질하고 있던 것 같았습니다. 희망을 찾는 일. 그것은 쉬운 일이 아니었습니다. 그래서 저는 그 일을 매번 꾸준히 하기로 마음먹으며 걸었습니다.

쉬운 일은 사람을 안주하게 만들 테고 어려운 것은 사람을 성장하게 만들겠지요.

어쩌면 저의 희망은 평생 도망 다닐지도 모릅니다.

저를 사랑하는 방법이 어느 순간 제멋대로 목을 맬지도 모릅니다.

하지만.

도처에 깊은 희망이 있을 것입니다.

제가 사랑하는 사람도 있을 것입니다.

그곳에 무엇인가 숨어있을지도 모릅니다.

이 거리가 그 거리일지도 모릅니다.

이미 떠났을지도 모르지만, 저는.

매일 천천히 걷기로 하겠습니다.

"내적공간과 접촉하기 위해서는 무의식 자체를 사고할 줄 알아야 한다. 하지만 나의 낡은 문을 수차례 여닫으니 그 경계가 머쓱해져 간다."

오범

어느 순간부터 줄담배가 습관이 되었습니다. 담배를 태우는 순간이 짧게 느껴져서 한 대를 더 태우는데 왜 유독 담배가 줄어드는 순간은 빠른지 잘 모르겠습니다.

태어나 한순간이라도 독립적이었던 적이 있을까요. 저의 고백은 항상 탄력적이길 희망했기에 미묘하게 책임을 비켜나가며 급소처럼 보이는 곳을 치고 빠졌던 것 같습니다. 때리고 도망친 것이지, 유효한 타격을 준 것은 또 아니었지요. 책임이라는 흔적을 두고 도망쳤기에 이렇게나마 살아있는 것 같았습니다. 뒤엉킨 저는 죽고 싶었습니다.

예컨대 저는 구조를 원했던 것입니다. 설산에는 눈이 가득한 것이 당연한데, 멍청하게도 생존해야겠다는 생각조차 못 했습니다. 그저 추위에 떨면서 구조대를 기다렸지요. 온갖 불투명한 증상이 저에게 뭐라고 했는데 전혀 이해가 가지 않았습니다. 해석이 되지 않았지요. 불행이 밀집되어 체념하기에 이르렀습니다.

외로움은 저를 혼란스럽게 만듭니다. 훼손된 몸으로 기어들어 오는 유혹의 작동들. 어떤 웅얼거림을 통해 가끔 탈출하기도 하지만 온전하지 않음을 알고 있습니다.

구조대를 기다리는 것을 멈출 수 없습니다. 닿지 않는 해방 속 투명한 진실로 진탕 앓더라도, 저는 저를 놓지 않기 위해 노력할 것입니다.

절망이란 기워 붙이는 희망

　절망스러운 순간은 항상 찾아왔습니다. 간단한 일로 오해를 사 누군가에게 혐오를 산다든가, 재수가 없어서 타려던 대중교통을 놓친다든가, 지나가는 새의 똥을 맞는다든가, 뭐 이런저런 일이 많이 있었습니다. 가벼운 일이지만 '절망'이라는 단어를 쓰는 건 부정적인 기운을 한층 끌어올려 주었지요. 정말 가벼워 일이 적지는 못했지만 시트콤 같은 일들을 마주하고 있자니 애먼 하늘이 미워지기도 했습니다.

　이런 순간에 대비해서 준비하는 것은 희망찬 일입니다. 매일 희망을 기워 붙여 봅니다. 잠들기 전 불안과 걱정으로 숨이 안 쉬어지는 것처럼 제게는 절망이 일상이었으니까요. 작은 대비를 모아 큰 쿠션이 되고, 충격을 흡수해 흔들리는 기분은 살살 녹아내립니다. 그렇게 조금씩 시간을 보내며 삶의 부담도 녹여 갈 것입니다.

　긍정적으로 삶을 보낸 뒤 갑자기 찾아오는 심화된 호흡곤란, 이게 참 난감합니다. 버티기로 마음먹고 죽고 싶지 않으려 하니 더 심하게 찾아오는 공황. 농구공이 골대에 들어가기 직전에 그 위를 도는 것을 끊임없이 반복하는 것 같습니다. 이러한 상황은 저를 호락호락하게 수면 상태로 보내주지 않지요.

    수면을 포기하고 술을 마셔볼까.
    통화를 하고 싶어집니다.
    보고 싶은 사람도 없는데.
    보고 싶습니다, 기대고 싶습니다.
    막연하게 버텨봅니다.
    간신히 내뱉는 날숨과 들숨.
    식은땀을 흘리며 버티다 기절합니다.
    저만 아는 것 같은 아픔이 참 바보 같습니다.

    이런 아픔이 언젠가 사라질 거라 믿으며 조금 더 밀어내며 버틸 것입니다.

액체가 되어

    바다가 보고 싶다. 철썩거리는 파도. 천천히 걷다 보면 발가락 사이로 들어오는 젖은 모래. 자연은 나를 하찮게 만든다. 육지와 다른 바람을 껴안으며 부단히 서 있다. 하늘은 더없이 높고 수평선은 더없이 넓다. 사라진 나를 찾아내고 끌어당겨 부딪히고 싶다. 보통과 다르고 희미한 기분. 걸리적거리는 모든 것을 위장에 넣고 소화시키면 들리는 소리. 보이지 않는 공기에 숫자를 매겨본다. 눈동자가 단단해짐을 느끼며 때아닌 명상을 한다. 고요가 제동이 걸리면 텍스트가 쏟아진다. 새들의 생활음.

    모호함에 젖는 것만큼 무의미한 것은 없었다. 다달이 찍히는 청구서. 작은방에 무수한 얼룩이 있었다. 향을 유지한 채 시체가 되어가나.

    잘해주는 사람에게서 나는 점점 멀어졌다.

    현재 내 위치가 어딜까. 어디든 탈출할 수 있을까. 썩어버린 마음이 자라나 해초가 되었다. 흔들거리며 그저 존재했다. 보이지 않는 곳에서.

 떨어지는 빗방울이 머리카락에 닿으면 알 수 있었다. 모든 것은 잠깐이라고.

 액체가 되어. 무한해지자. 무너져가는 중심의 궤도를 이탈해보자.

흘러내리는 시간

　세상이 흘러내려 갑니다. 제가 기억하고 있던 밤하늘 속 별자리. 친구의 따뜻한 눈동자. 걱정 어린 어머니의 목소리. 모두 천천히 땅으로 떨어져 내려갑니다. 멀리서 들리는 소음이 더욱 가까워집니다. 제가 피력한 것은 사교성의 추락이었을까요. 저를 다듬고 다그쳐봐도 고독이라는 껍데기는 더욱 두꺼워져 갑니다.

　관계라는 건 아무리 생각해봐도 정의를 내릴 수 없었습니다. 단지 틀이 변하면 모양이 변하는 액체처럼 시도 때도 없이 변할 뿐이었지요. 지속하지 않는 관계를 다독일 필요가 있을까요.

　불과 얼마 전까지만 해도 죽어라 술을 마셨습니다. 이유가 뭐였을지요. 기분을 좋게 만들기 위해서? 친구와의 유대를 느끼기 위해서? 어두운 미래를 잠시나마 잊기 위해서? 이제는 단순하게 술을 먹지 못하게 되었습니다. 내일 없이 술을 먹는 건 청춘이라는 예술을 되풀이하고 싶어서 그랬던 것 같았지요. 누구도 알아주지 않았던 청춘. 그것은 참혹하고 아득했습니다.

"시간을 적는 건 쉬웠습니다. 약속을 그리기는 쉬웠습니다. 하나 청춘을 이해하고부터 살고 있다는 진귀한 기분을 느낄 수 있었습니다."

진동이 느껴질 정도로 살아있다고 느끼면 그때부터 내일이 기대됩니다. 어떤 희망도 없는데 한 시간 뒤가 기다려집니다. 어떤 부분을 포기해서가 아니라 이해하려 꿰매기 시작하는 때부터 삶이 변하기 시작한다는 말이지요.

시계가 고장 나면 고치면 그만입니다.

저의 시계는 고장 났을 뿐이었습니다.

약 그리고 어떤 작용

약 복용을 끊기로 했습니다. 특별한 계기가 있던 건 아니었지요. 그저 버티고 싶어졌습니다. 집을 나와 밖에서 살며 잃어버린 건 분명했습니다. 육체와 정신의 건강 상태. 그것은 저를 조여왔지요. 자신감을 박탈시켰고 욕망을 지워버렸습니다. 미래를 계획할 수 없었습니다. 내일 뭘 할지 정하거나 미래를 이야기하는 방법을 전부 잊어버렸습니다.

다시 시작해보려 했습니다. 운동을 하고 술을 줄이고 약을 끊고 잠을 못 자더라도 아침에 일어나 산책을 강행했지요. 약을 먹다 안 먹으니까 1분 1초가 전부 느껴졌습니다. 제가 이렇게도 생각이 많은 성격인 걸 다시금 상기했습니다. 1초마다 다른 생각을 하게 되었지요. 여기에 저는 기름을 붓기로 했습니다.

어떻게 하면 성공할 수 있을까, 성공의 기준이 무엇일까. 제 기준에서 저의 청춘은 무너졌습니다. 하지만 생각을 거듭하면서 다시 세워볼 수 있을 것 같았지요. 물론 이 긍정적인 태도는 얼마 가지 못해 다시 부정적으로 변하고 또다시 10초 만에 긍정적으로 변하기도 했습니다. 그럴수록 주변 사람들에게 의지했습니다. 속 이야기를 털어놓는 것보다 아침 산책을 하기 전 사람들에게 문자를 보냈습니다. 그저 힘내자, 오늘 하루도 잘살아보자 등 겉으로 보기에는 긍정적인 문장들이지만 진심이 담기지 않으면 전혀 빛나지 못하는 문장들이기도 하지요. 일종의 자기암시였습니다. 그렇게 문자를 보내도 저는 하루 종일 힘낼 수 없다는 것은 압니다. 하지만 더 노력하기로 마음먹었으니까요. 버티고 싶어졌으니까요.

시간이 얼마 지나지 않았지만 많은 것들이 변했습니다. 침대에서 무기력과 보내는 시간이 완전히 사라졌고, 산책하며 음악을 음미했습니다. 아침에 일어나 걷는 일은 하루를 정비하기에 참 좋았습니다.

저의 사람들에게 참 감사합니다. 존재해줘서 참 감사합니다. 진심으로 이런 말을 할 수 있게 만들어주어서 고개 숙여 감사합니다.

긍정을 신고 걷는 일은 부정을 탑재한 뇌를 다른 질감으로 바꾸어 주었습니다. 저는 참 감정적인 편이라 광고를 보고도 우는 일이 다분했지만, 그러한 것은 그저 1차원적인 배설에 불과했지요. 이제는 사람들을 위해 제가 어떤 위로와 영감을 줄 수 있을까 하는 근본적인 질문을 자문하려 합니다. 과거에는 미래를 외면했지만, 이제는 그 질문과 마주하여 제가 존재하는 이유와 의미 그리고 말로는 표현하지 못하는 그 무언가를 위해 1분 1초를 소모하며 살 수 있을 것만 같습니다.

죽고 싶었던 이유

　　제가 죽고 싶었던 이유는 의지가 약해서가 아닙니다. 그만큼 더 살아가고 싶었기 때문이었습니다. 밤거리를 걷다 가로등 하나가 유독 빛이 나는 것을 볼 때도, 아침에 일어나서 마시는 물 한 잔이 맛있다는 것을 깨달았을 때도, 단순히 눈 밟는 소리가 좋아서 겨울을 기다릴 때도 저는 살아가고 싶었습니다. 미래가 너무 커다랗고 보이지 않아서 망설였습니다. 아무것도 정답이 될 수 없었지요.

　　문득 생각이 들었습니다. 제가 죽고 싶은 이유는 사랑하는 사람을 잃었다거나 사업에 실패해 엄청난 빚에 시달렸다거나 하는 커다란 이유가 아니었습니다.

　　텅 비었다는 생각이 드는 자신이, 알고도 아무것도 할 수 없는 자신이 두려웠습니다.

　　알고 있습니다. 어떻게 하면 몸을 움직일 수 있는지. 돈을 벌어 타인에게 짐이 되지 않을 수 있는지.

죽음은 정말이지 알고 싶지 않은 정보입니다. 매일 발전하며 사는 것. 오늘보다 더 좋은 내일을 맞이하는 것. 어차피 죽는 것을 알고 있다면 동기부여가 온전하지 않을 테니까요.

가끔 적어내 봅니다. 제가 죽고 싶었던 이유가 살아가고 싶은 이유와 겹치며 저를 존재하게 하는 것은 아닐까 하면서요.

흘러가는 시간에 물을 주듯

저는 무해하고 싶습니다. 판단의 오류는 상심의 거치대가 되기 쉽습니다. 반짝이던 것들. 저의 순서는 온전히 지고 있습니다. 죽음으로 무장한 소식이 저의 목을 겨누는 것이 느껴집니다.

모든 것은 다른 방향으로 흘러가지요. 같은 방향인 것처럼 느껴지던 사람도 결국에는 다른 방향을 향해 걸어갑니다. 현재에 충실할 수 있는 이유가 사라지면 제 안에 남아있는 것은 빛나지 않는 것들이었습니다. 그것들은 조금씩 쌓여갔습니다.

'봄은 살아 있지 않은 것은 묻지 않는다.' 기형도 시인의 시 구절 중 하나입니다. 무수한 봄날 중 제가 머물던 봄은 모두 살아있었습니다. 그저 봄은 단순히 있었다고 말할 수 있었습니다. 빛날 필요도 없었고 어두울 필요도 없이 그 자리에 존재하는 것이지요.

계절감이 싫었습니다. 봄의 행태일까요. 고장 난 저는 타인에게보다 저 자신에게 무척이나 유해했습니다. 그것이 동기부여가 되어갔던 걸까요.

　저의 봄은 피어나는 것보다 물을 주기에 급급했던 것 같습니다. 조금이나마 자라기를 바라면서요.

약속

　머리가 복잡하다. 구겨진 생각의 틈새로 자책이 고개를 내민다. 나를 가리고 숨기다 아무런 흔적 없이 사라지고 싶어진다. 돌아난 시선들을 온전히 받아낼 자신이 없다.

　어느 순간부터 미래를 약속하거나 다음을 기약하는 말을 할 수가 없었다. 나는 미래를 살고 싶지 않았으니까. 책임지지 못 할 말을 하고 싶지 않았으니까. 현실적인 말. 그런 감정에 지배당하면 숨을 쉬지 못해 울면서 버텨야 했다.

　아무것도 감당하지 못할 정도로 나약한 내 모습은 정말 못났다. 대체 누구를 위한 반성과 자책이었을까. 그저 천천히 내일에 닿고 싶던 것 같다.

　꼭 이야기하고 싶다.

　나랑 있는 모든 순간이 행복할 수는 없겠지만, 지금 이 순간만큼은 행복한 날로 기억되었으면 좋겠어.

생각만 해도 기분 좋아지는.

기억은 찬란하니까.

아픔의 과녁

　　오래된 시집의 지저분해진 표지. 시집의 내용은 여전히 좋았습니다. 점차 낡아가는 저의 외모도 시집의 표지와 똑같다고 생각했습니다. 제 내면은 좋은 면과 나쁜 면을 모두 가지고 있습니다.

　　저는 매 순간 변했던 것 같습니다. 마음을 지탱하는 굳은 가치관은 변화를 거듭하며 어두운 면이 짙어졌습니다. 그러나 의외로 굳어진 어두운 면은 차차 밝아지며, 어렵지 않게 저의 중심이 되어갔습니다.

　　힘든 이유가 근본적으로 자기 자신에게 있다는 말은 그다지 신용하지 않았습니다. 힘든 일과 수반되는 자신의 그릇은 파악하기 어려워서 담아내고 있다는 것을 잘 몰랐기에 제가 단단해지고 있다는 것을 깨닫지 못했습니다. 무뎌지는 것과 단단해지는 것은 한 끗 차이니까요.

　　우리는 힘든 일이 있을 때, 다시 일어날 수 있는 힘은 모두 자신에게 있다는 것을 알고 있기에 더 단단해질 수가 있습니다.

   점점 멀어집니다. 하지만 점점 더 또렷해집니다. 아픔의 과녁에 줄이 하나씩 늘어갑니다. 명중한다는 것은 그만큼만 아플 수 있다는 것입니다. 그리고 아프다는 건 어쩌면 좋은 신호가 될 것입니다.

의문의 표류

　의문을 헤아려보는 것. 희망에 관한 글을 봅니다. 시선을 고정한 채 텅 빈 저의 안쪽을 느낍니다. 어차피 벌어진 일은 되돌릴 수가 없습니다. 살아갈 수 있을까요. 부족한 날만 이어집니다. 풍성하고 넘치는 하루가 다시 또 존재할까요.

　불안은 떼어낼 수가 없습니다. 시간이 주는 무서운 슬픔을 피해 도망 다니다 보면 세상은 내게 무수한 화살을 쏘아댑니다. 온전히 손에 쥐고 있는 무수한 기억이 지금 제 삶에 보탬이 되지 않는다고 지워버리기 위해 기를 쓰는 저 자신의 모습을 저는 불온하게 생각했습니다. 하지만 기억은 소중합니다. 기억이 있기에 지금의 우리가 있는 것입니다. 잊었던 기억을 되찾아주는 기업이 있다면 투자할 것인가요. 저는 반드시 투자할 것입니다.

　뇌를 세척하고 싶습니다. 어감이 이상하지만 그런 기분을 느끼고 싶었습니다. 실제로 뇌를 어떻게 한다면 죽게 되겠지만요.

　이렇게 기억에 대한 인식이 변하기 시작한 것은 얼마 되지 않앉습니다. 모든 상황과 기억을 지워버리고 싶었으니까요. 큰 배가 나타나 작은 배를 부숴버렸고 작은 배의 파편들은 바다 깊은 곳으로 가라앉아 찾을 수가 없게 되었습니다. 제가 알고 있던 많은 작은 배들은 적잖이 침몰당했지만 큰 배는 저를 매개로 신대륙을 발견하게 된 것 같습니다.

　살아가는 것은 굉장히 쉽거나 어렵습니다. 모두가 아는 사실이지요. 사람들은 은근히 서로 닮았지만, 완전히 다르기도 합니다. 그래도 영향을 받으며 살지요. 저만의 살아가는 방법이 조금이나마 사람들과 엮인다면 좋겠습니다.

　삶은 모두 비슷하지만, 완전히 다릅니다. 조금 쉽게 살아갈 수도 있지만, 저는 작은 것도 어렵게 생각하며 살고 있습니다. 이편이 제게는 더 올바르게 살 수 있게 만들어줍니다. 옹졸한 저의 정신이 얼마나 버틸 수 있을까요. 저는 저의 작은 그릇을 과하게 포장하고 싶지 않습니다. 부끄러운 저의 삶이 표류하더라도 또 다른 큰 배가 와서 헤집어놓으면 저는 그 배를 타고 또 다른 신대륙으로 갈 것입니다.

　우리가 하늘 아래 땅 위에 사는 것은 다 이유가 있겠지만 큰 의미가 없어도 괜찮습니다. 우리는 우리를 위해 올바르게 살면 되지 않을까요.

"깨닫는 실패가 더는 두렵지 않습니다."

우리 천천히 빛이 되자

너는 너를 잃었다.

유일한 너는 작고 나약한 문장. 터벅터벅 걷던 마음은 몇 가지 소음을 갖고 있다. 옷가지를 하나씩 벗겨내고 차가운 공기를 온전히 받아들일 때 하늘은 한없이 높아졌다. 타인의 눈으로 뒤덮인 창문. 밤이 다가오면 시선으로부터 블라인드를 쳤다.

너는 부끄러웠다.

심하게 앓던 감기. 힘겨운 날 조금이나마 웃어내던 너는 도망치는 게 아니었다. 한 편의 시. 그 안의 가득한 위로들. 영향은 삐져나온 머리카락과 함께 티가 났다. 갑자기 소중한 사람의 목소리가 듣고 싶었다. 쏟아지는 의미의 작고 작은 부산물.

그래, 그편이 좋았다.

너는 어느 쪽에도 속하지 못해서 항상 문제가 있어 보였다. 다른 생각들. 무뎌진 이해가 솟구쳐 오를 때 마음을 제어하지 못했다. 낯은 캄캄했다. 디딜 바닥이 없는 정답. 차가워 보였다. 입 안에 넣으면 온몸이 차가워질 것 같았다. 아파서 죽을 것만 같아도 그래야 하니까. 그래서 그랬던 거였다.

겹겹이 쌓아도 투명한 것이 되고 싶다.
끝없는 파도처럼.
잔잔한 바람처럼.

우리 천천히 빛이 되자.

사람이 싫다, 그리고 아프게도 사람이 좋다

제 안의 아직 순수함이 남아있을까요. 전에 있던 것들은 어디로 새어 나간 걸까요. 새가 날아가는 것을 끝까지 쳐다보았습니다.

저는 살아가는 법을 제대로 배우지 못했습니다. 하지만 사람들에게 피해를 주지 않고 사랑을 받고 싶었던 것 같습니다. 기회가 될 때마다 하늘을 올려다보았지요. 아마 제 기억이 맞는다면 어릴 때 읽은 소설 '가시고기'의 영향이었습니다. 희미한 기억입니다.

땅 위에 서 있는 것이 어려울 때가 있습니다. 그러다 하늘을 보면 설명할 수 없는 위안을 받는 것 같아요. 낮에 보는 구름과 파란색 하늘. 그리고 밤에 보는 별과 캄캄한 하늘. 저는 저에게 천천히 편지를 쓰고 있는 것 같습니다. 남길 수 있는 유일한 꿈일까요.

모든 게 다 장난이었다면 좋겠습니다. 제가 살아있다는 정보조차 거짓이라면 좋겠습니다. 이 시대 속에 저와 당신들이 함께 산다는 것이 너무 아프고 어렵습니다. 저는 그저 사랑받고 싶었습니다.

쉬운 일은 없었습니다. 상처받기 싫어서 저 자신을 놓아버렸던 것 같아요. 늦었지만 조금은 알 것 같습니다. 제가 스스로 놓는다면 저를 사랑하는 사람들에게 좀 더 상처 주기 수월해진다는 것을. 저는 직면해야 했습니다. 살아가기 위해서요.

마음이 아픈 사람을 위해서 해주고 싶은 말이 여기저기 있었습니다. 지금의 제가 그럴 자격조차 있는지도 모르겠지만요.

이 모든 것이 지나가면 아니, 지금부터 노력할 것입니다. 저는 타인보다 저를 위해서 살아갈 것입니다. 타인에게 원하는 사랑을 준다는 욕심보다 저는 저를 사랑하며 제 안에서 배운 것을 그대들에게 순수한 마음으로 전달하고 싶습니다.

형편없는 저의 문장이 작은 별이 되어 누군가에게 조금이나마 스치기를 희망합니다.

"한 줌의 공기가 순간을 가져다주는 것처럼."

태도

두려운 미래

나에게 손을 들어준 지가 오래되었다.

내게 말했다.

너 자신을 믿고. 너를 스스로 사랑하는 거야. 알겠지?

차차 길어질 나의 생에 대해서

작은 일을 시작하는 게 어려워서 큰일부터 시작하는 버릇이 있어요. 큰일을 치르고 막연한 절망감에 휩싸이는 버릇. 좋지 않은 버릇임에도 쉽게 고쳐지지 않았어요. 저는 이 버릇을 기록하며 살고 있습니다.

언젠가부터 자신을 사랑하는 방법에 대해서 생각하고 있습니다. 골똘히 생각하는 게 생각보다 어렵지는 않은데, 자신을 사랑하는 방법은 어렵기만 합니다. 거리를 걷다 계속해서 살아가는 이유가 궁금해졌습니다. 냉장고 안에 들어가 머리를 시원하게 만들고 싶어지는 질문이었어요.

일단 밤을 사랑하는 이유에 대해서 생각해봤습니다. 어릴 적 아름답지 않은 저의 어린 밤들을 사랑합니다. 왜일까요? 그 부분에 대해 자세히 생각해봅니다. 제가 사랑해주지 않으면 아무도 사랑 못 할 밤들이었다는 정도로 생각할 수 있었습니다. 이런저런 다양한 색깔의 밤들이었지요. 밤공기는 가벼웠고 저의 눈빛은 한없이 무거웠죠. 누구에게도 기대지 못했어요. 영원히 안기고 싶던 그때. 저는 새벽과 밤 사이에 꾹 눌린 물감처럼 애매하게 그 자리에 있었어요.

"섞인 물감은 다시 분리되지 못하잖아. 그 모양 그대로 밤은 붓처럼 나를 사용했어. 무슨 색이 나오든지 그때는 그게 정답이었지."

물이 정말 마시고 싶은 아침에 물이 없으면 신경질적으로 변합니다. 하지만 그 신경질을 받아줄 사람이 없다는 걸 알고 있죠. 기억을 열어 어제는 어떻게 일어났었는지 생각합니다. 물을 사러 밖으로 나와 햇빛을 맞이하면 한 3분간은 힘이 넘칩니다. 막연한 사유와 덧없이 길게 늘어진 나무들, 가끔은 이런 것들로 아름다워질 수도 있다고 생각합니다.

목전의 유령

아침에 일어나서 양치질을 한다. 거울을 바라보면 울퉁불퉁한 얼굴이 있다. 저 얼굴 뒤의 내면은 얼마나 더 비참할까. 살다 보면 가끔 소속감과 책임감을 느낄 때가 있다. 소속감은 거추장스럽다는 생각이 들었다. 책임감은 그 자리를 팽팽하게 유지시켜 주는 어떠한 상호작용 같은 것으로 생각했다. 그런 생활은 가끔 찾아오는 손님이라면 좋겠지만 그렇지 않았다. 인간이 자연을 오염시키는 범위가 늘어가듯 서서히 삶 속에 붙어갔다. 그래서 나는 내 인생의 이방인이 되고자 했다.

그다지 좋은 태도는 아니었다. 나 자신이 역겹다는 느낌이 심각해진 것을 느낀 것은 마음 편하게 가족들과 식사조차 못 하는 내 모습을 보고 나서부터였다. 그나마 혼자서는 잘 먹었다. 하지만 혼자서도 밥을 먹지 못하는 상황이 되자 나의 생활은 더 무너질 수 있음을 깨달았다. 인생을 감행하기에는 너무 벅찼다. 내가 마주하고 있는 것은 무차별적이란 생각이 들었다. 나를 온전히 돌봐줄 수 있는 사람은 나밖에 없다는 것을 머리로는 알고 있었지만, 피부로 느껴지지 않았던 것 같았다. 이제라도 태도를 고치지 않는다면 나는 곧 죽을 것이라고 심각하게 생각했다.

　나의 태도를 수정하기에는 너무도 고여있었다. 살아있기 위해서 죽음을 고민해야 했고, 죽음에 조금도 틈을 주고 싶지 않아졌을 때부터는 나 자신과의 경쟁에 더 치열해졌다. 부정적인 것의 종언. 그것은 과거의 기억으로부터 도망치지 않고 마주 보는 것부터가 시작이었다. 조금씩 달라졌다. 계획적인 사람이 되고자 노력했고 스스로 보상을 주기도 했다. 이에 관한 메뉴얼을 만들기에는 현저히 부족했지만, 더 나은 사람이 되는 것이 좋은 동기부여가 되었다. 그리고 그것은 가장 큰 보상이 되기도 했다.

　내면의 상처는 수도 없이 많다. 그렇기에 상처는 더 이상 상처 취급받지 않는다. 우리가 나아가는 것이 어쩌면 편집적인 게 될 수도 있다. 하지만 각자의 작은 성취를 박수나 축복을 받을 만한 가치로 평가할 수는 없을 것이다. 문제는 모두 현실성이 있다. 그 문제의 초석은 이미 상상해보고 준비해왔던 것임을 인지해야 한다. 우려는 보잘것없는 유령이다.

　나는 현실 속 반영된 유령의 얼굴들을 모두 씻어낼 것이다.

어느 날 술자리

　술을 먹지 않는 친구와 돔베고기를 먹으러 간 적이 있었어요. 돔베고기는 제주 음식인데 제주도 소주인 한라산과 궁합이 정말 좋지요. 돔베고기는 30분이 지나자 나왔어요. 접시를 내려놓자 야들야들하게 움직이는 살코기는 한눈에 봐도 맛있어 보였지요. 친구는 소주잔에 물을 따르며 저는 소주잔에 한라산을 따르며 같이 건배를 하며 음식과 술을 먹었어요. 친구는 워낙 자기 이야기를 잘 못 하는 성격이지만, 저를 믿고 술도 한 모금 안 마시고 자기 이야기를 해주었어요. 그래서 저도 어쩌다 보니 제 이야기를 떠들게 되었습니다. 즐거운 이야기가 오갔고 친구는 눈시울을 붉히기도, 즐겁게 웃기도 했습니다.

　지나간 이야기를 하는 것은 즐겁기도 슬프기도 하지요. 어떤 경험은 친구에게 도움이 되기도 했고, 그 친구의 경험과 조언이 저에게 도움이 되기도 했어요. 강요 없는 술자리에서 돋보이는 것은 진심으로 서로를 존중한다는 것이었습니다. 친할수록 더 조심스럽게 대하고 더 겸손하게 변하는 친구의 태도를 보면서 저는 여러 번 반성하기도 했습니다.

사람마다 생각이 전부 다르지만, 어느 부분이 맞닿아 있다는 것을 우리는 느끼고 있었습니다.

"야 맞아. 여태 그렇게 생각한 사람은 너밖에 없다."

이렇게 생각했더라도 우리 서로의 생각은 역시 조금은 다르지만, 어느 부분 유대를 분명히 느끼고 있었습니다. 그렇기에 거기에 더 감사했고 존중할 수 있었던 것 같아요. 친구에게 특별한 감정을 느끼며 둘 다 멋있는 사람이 되자며 다음을 기약했어요. 한 잔의 술잔에는 술내가 나지 않더라도 그 친구에게는 어쩌면 술내와 비슷한 진실과 맞닿은 모습이 보였어요.

우리는 조금씩 멈추기도 나아가기도 하지만, 정답은 전부 숨어있습니다. 어떠한 순간 그 판단이 정답일 수는 없기 때문이죠. 친구와 저는 숨은 정답을 찾기보단 숨어있는 정답 위에서 신선놀음하듯 서로를 끊임없이 투과했습니다.

어느 날 갑자기 누구의 눈빛이 멈추더라도 친구와 저는 서로를 잊지 않을 겁니다.

사람

문득 옆을 보자 다른 사람들이 튀어나왔다. 내가 생각했던 것과는 다른 사람들. 의외로 다부지고 강했던 사람들. 외모와 삶이 인상적인 사람들.

조금은 희망적이고 싶은데, 기대고 싶은데 기대는 방법을 몰랐다. 넘어졌다가 다시 일어나기도 하면서 걷다가 중간에 앉아 쉬는 법을 배워갔다.

옆에는 항상 내가 생각했던 사람이 있지 않았다. 생각과는 정말로 다른 사람. 어쩌면 내가 생각했던 사람이 존재하기는 했었을까.

내 손을 꼭 붙잡아줄 수 있는 사람. 내 내면을 모두 봐도 같이 도망가줄 수 있는 사람. 내 모습을 전부 들켜도 나를 사랑할 수 있는 사람. 침대보다 더 편안한 사람. 등 때리며 허리를 펴라고 하는 사람. 내가 원하면 하루 종일 안아줄 수 있는 사람. 내가 되어보고 싶다고 하는 사람.

사실 내 옆에는 그런 사람들로 가득했다.

무거운 짐이 어깨 위에 올려져 있어도. 아무런 생각 없이. 조금만 손 뻗으면 어깨를 나눠줄 사람들.

이제 항상 스며들 빈자리를 남겨두며 난 오늘도 잠시 걷다가 쉬었다.

옛것을 그리워하는 것

　마음이 가려워서 술을 마시다 보면 딱딱한 공기가 폐 안으로 들어와 팽창하는 듯한 느낌이 들 때가 있어요. 문득 깨달은 게 집 식탁에 놓인 술병들이 "이거는 너무 많지 않나?" 싶은 적이 있었습니다. 마음을 긁다 보니 너무 많이 긁어서 빨개지고 있던 것이었어요. 다른 사람을 만나 커피를 마시면 풀릴 일들을 저는 혼자 술로 자신을 겁박하고 있던 것이었죠. 술을 마시며 저는 점점 더 어리광이 많아지고 순진해지는 것 같았습니다.

　인생에서 겉도는 느낌이 들 때 눈물이 더 많아지는 듯한 느낌을 받았어요. 순수한 눈으로 세상을 바라보았을 때가 언제였을까 싶고. 그렇다고 해서 운다고 제가 바뀌는 건 아니었습니다.

　타자기를 중고로 산 적이 있습니다. 타자기의 소리와 글씨체가 마음에 들어서 구매를 했어요. 잉크 테이프를 따로 구매하여 타자기와 연결하고 타자기 연습을 했어요. 일반 컴퓨터의 워드와는 확연히 다른 느낌이었죠. 필름 카메라와 같이 사용하고자 했을 때. 두 가지 전부 많은 연습이 필요했습니다. 조만간 LP 판도

구매해서 집에다 둬야겠어요.

　옛날 노래를 듣는 것. 옛날 물건을 가져와 내 것으로 만드는 것. 이런 것들이 나를 사랑하는 방법 중 하나가 아닐까 하는 생각이 들었습니다.

조각난 단어

내 안에 작은 사회가 느껴질 때가 있었다. 내가 가진 얕은 자신감의 독립된 기분은 무엇일까? 매번 찾아가던 길을 잃은 느낌. 뇌가 흐려진 채 단어가 잘 떠오르지 않고 할 수 있는 말이라고는 단편적인 대답뿐이었다. 정해진 주제를 뚫어내기보다 겉돌고 있는 듯한 기분이었다.

뿌려내듯 한 글자씩 적어내다가 문득 그런 생각이 들었다.

"내 안에 작은 사회가 무너지면서 두려운 영향이 밀집된 폐허가 되었다."

바라온 시작이 점차 바래져 시작도 못 하고, 끝없는 고통 속에 몸부림치고 있는 걸까. 그러던 와중 어떤 격려가 도착했다. 사랑을 몸에 지니는 것은 언제 터질지 모르는 폭탄을 지니는 것과 같은 거라고. 격려의 수준이 편찮았다. 소중한 나를 버리고 자기파괴를 취하는 것은 여러모로 불편한 자기합리화였다. 하지만 내게 존재하는 작은 사회의 그림자는 점점 옅어질 것을 알고 있다.

흐려진 시야를 쫓아내 무언가를 적어내자. 적어도 후회하지는 않을 것이다.

우리는 비에 씻겨 나간다

아침에 일어나 샤워를 하는 것만큼 하루를 시작하기 좋은 방법은 없습니다. 밤새 잠과 싸우느라 고생한 몸을 씻어내고 단단하고 절실한 노래를 들으며 하루를 시작합니다.

잠과의 전쟁은 오래되었습니다. 불면과 싸우면서 술을 마실 때, 몸이 아무리 피곤해도 잠이 오질 않았죠. 이런 제가 처음에는 진심으로 이해가 안 갔습니다. 딱히 무언가 대단한 일을 하는 것도 아니고, 생각이 많아질 이유도 없었으며, 그렇게 힘든 일을 겪고 있지도 않았기에 이해할 수 없었습니다. 그나마 술을 마시면 잠이 잘 왔기에 가장 나약한 방법을 택한 결과 간이 다 상해버렸지요. 술에 의존하는 것만큼 나약한 게 있을까요. 저는 부족한 저 자신을 탓했습니다.

이사를 오며 같이 살게 된 친구가 있습니다. 이사 초기에 비가 아무리 와도 비를 맞으며 다니는 친구에게 물었어요.

"너는 왜 비를 맞고 다니냐 우산이라도 하나 사서 쓰고 다녀."

"돈 아까워. 비 맞으면 기분도 좋아. 비로 씻지 뭐."

우리는 서울로 이사를 오고 난 뒤 심각한 가난에 허덕였습니다. 다음 달 월세를 낼 수도 없었고 당장 물 사 먹을 돈도 없었지요. 그나마 견딜 수 있던 건 친구와 함께여서 버틸 수 있었습니다. 서로 지인들에게 빚도 있었지요.

이사 오고 첫 주가 가장 힘들었습니다. 침대나 가구도 없이 둘 다 아르바이트 애플리케이션만 들여다보았습니다. 첫 주는 쌀도 없이 라면으로만 밥을 먹었지요. 그다음 주는 쌀은 있지만, 반찬은 김치였습니다. 그래도 둘 다 딱히 불만을 느끼지 않았습니다.

시간이 흐른 뒤 의식주는 자연스럽게 해결되었습니다. 저는 번 돈으로 평소에는 뿌리지도 않던 향수도 샀지요.

돈 때문에 스트레스를 받아도 무기력하지 않았던 걸로 기억합니다. 오히려 지금이 더 무기력하다는 생각이 들어요. 돈이야 없다면 벌면 되는 것이지요. 하지만 마음이 없다면, 삶 속에 자신이 없다면 도산된 자신을 찾기란 어렵습니다.

다가올 미래가 두렵고 우리가 선택하는 것들은 생각보다 단순하고도 복잡합니다. 자신의 민낯을 보는 건 가장 어렵고, 자신이 가장 원하고 사랑하는 것들을 떠올리는 것도 어려워지죠. 우리는 서투르기에 언제든 더 나은 선택을 할 수 있습니다. 세상보다 중요한 건 자기 자신이고, 자신이 아무리 비를 맞더라도 우리는 더 나아질 수 있습니다.

우리는 비로도 씻을 수 있는 사람이 될 수 있다는 게 참 기분이 좋았습니다.

예쁘다, 별

어느 날 라디오에서 들은 기억이 있다. 외국인들이 모여 한국어를 배우는 어학당에서 제일 예쁘다고 생각하는 단어가 '예쁘다'와 '별'이라고. 모두 뜻도 그렇고 발음도 예쁘다고 생각되는 단어들이다. 의미도 그렇고 상대방을 기분 좋게 만들어 줄 수 있는 말이라는 생각이 든다. 내게 예쁜 의미들. 당신의 웃는 모습. 공허하고 조용한 밤하늘. 몇 볼 수 없는 벚꽃이 휘날리는 어떤 봄날. 버스에서 이동 중 갑작스러운 소나기. 막 밖으로 나와서 찬 공기를 마시며 걸음을 떼니 눈 내리던 어떤 겨울날. 모두 내게 예쁘고 사랑스러운 순간들이다. 내 기억은 찬란할 수 없다고 생각했다만, 이런 기억들로 인해 나는 오늘도, 내일도 살아가고 있을 것이다.

2020년 봄이었나 '천문'이라는 영화를 본 적이 있는데 장영실과 세종대왕에 관한 이야기였다. 별이 사람에게 주는 어떤 힘은 내게 참 인상 깊어서 이 기분에 대해서 써 보려 했지만, 시간이 좀 지나 보니 처음 봤던 그 기분이 어땠는지 잘 기억이 나지가 않는다. 인간 이도와 장영실은 하늘에 빛나는 별에 비하면 한낱 먼지 정도였을 뿐이지만, 땅 위에서의 지위는 서로 같을 수가 없었고 끝내 그러지도 못했다. 우주가 팽창한다는 이론과 이미 우리가 보는 별들은 죽은 별일 수도 있다는 이론. 수많은 가설들을 보며 과학자들은 자신이나 타인과 싸우기도 혹은 보듬기도 하며 살기 위한 빌미를 찾고는 있지 않을까.

별은 내게 소중하다. 예쁘다는 말 또한 내게 소중하다. 그 단어들을 외국인들이 예쁘다고 생각해 준다니 새삼 한국어의 표현력과 언어의 뛰어남이 소중하게 생각된다.

일상인 것들이 조금씩 소중해지고 있다.

영향

　　무거운 새벽에 잠식당한 무렵, 누군가에게는 지금 이 순간이 소중할 수도 있겠다고 생각했습니다. 지크문트 프로이트가 그랬던 것 같습니다. 인간이 가질 수 있는 가장 큰 욕망 중 하나가 타인에게 인정받고 싶은 욕구다. 제가 딱 그 꼴이었습니다. 누군가에게 인정받고 싶었지요. 연봉을 많이 받고 돈으로 인정받기보다 어떤 다른 성취를 이루고 작더라도 좋은 영향을 심어줄 수 있다면 진심으로 행복할 것 같았습니다.

　　후회하는 일을 빨리 인정하고 반성하고 고칠 수 있다면 얼마나 좋을까요. 저의 아침과 무안은 저를 무기력하게 만들었습니다. 저와의 약속은 저를 저릿하게 만들었고 커다란 벽과 마주하게 했었습니다. 큰 줄기를 따라가다 보니 그렇게 된 것 같았지요. 타인에게 줄 영향을 너무나도 큰 과제처럼 생각하지는 않았을까요.

　　저의 도덕적 규범 아래서 행할 수 있는 모든 것은 저를 작게 만들었고 모나게 했던 것 같습니다. 하지만 누군가를 위해 살아가는 일도 저를 위해서 사는 이유라고 생각하기도 했지요. 그것이 저를 사랑하는 사람들에게 보낼 보탬과 위안이라면. 좋은 식사와 이야기를 대접할 수가 있다면 그걸로 좋을 것 같습니다.

　아무것도 없는 결과가 더 빛이 나더라도 주변 사람들에게 부끄럽지 않은 제가 되고 싶습니다.

"영원히 빛나는 제목은 재차 여러 갈래로 갈라지듯이."

내면을 가꾸는 방법

외적인 가치와 내적인 가치를 동일시하는 게 맞을까. 내면의 나를 통치하는 것은 어렵다. 어지럽게 정리되지 않은 나의 모습을 빗질하는 것보다 더 많은 에너지를 소모하게 만드는 그런 일. 나를 온전치 못하게 만드는 자괴감에서 에너지가 더 방출된다. 부서진 희망을 다시 조립하는 일만큼 어려운 일이 있을까.

어쩌면 외적인 매력은 내적인 매력보다 판단하기도 가꾸기도 수월하다. 그렇다고 해서 외적인 가치가 무시당해도 된다는 것은 절대 아니다. 우리는 이런저런 세상에 살고 있으니 모든 가치를 존중할 수 있을 것만 같다.

내면을 바탕으로 외면의 모습이 변화한다고 했던 어떤 배우의 말이 떠올랐다. 사람의 눈빛은 그럴 때 제구실을 하는 것 같았다. 눈빛은 거짓말을 할 수가 없기 때문일까.

내면의 아름다움이 빛날 때 그 사람의 눈빛으로 타인은 깊은 소용돌이로 들어갈 수 있다.

외면과 내면이 모두 아름다워진다면, 그 사람은 어떤 무슨 일이 벌어져도 헤쳐나갈 수 있을 것이다.

내면을 가꾸는 방법. 어떠한 방법들이 있을까.

욕

'오히려'라는 말을 좋아한다. 반전이 있을 거 같아서. 아는 약속 같아서.

당신이 내게 욕을 해도 오히려 나는 당신을 사랑하고 싶다.

잘되는 것보다 잘사는 것

　시간의 흐름을 기억해보려 합니다. 하늘에 떠 있는 이야기들을 하나씩 주워 담아 후회와 추억 속 즐거움에 빠져보고 울기도 해봅니다.

　제가 머뭇거려 흘려보낸 시간 속에서 답을 찾으려고 해보니 미련이라는 벽에 갇혀버렸고 스스로 뒤섞어버렸지요.

　모든 사람이 그런 건 아니겠다만, 감각과 능력은 쓰지 않으면 감퇴합니다. 하루가 멀다고 줄어드는 것들. 사라지는 것이 무섭습니다. 어떻게든 존재하고 싶습니다.

　한동안 글 자체를 멀리한 적이 있었습니다. 아무것도 하지 않고 숨만 쉬고 있었지요. 이 말이 더 정확한 표현인 것 같습니다. 저는 아무것도 흡수하지도 못했고 아무것도 뱉어내지 못했습니다. 누군가 다가오면 도망갔고 작은 방에서 무기력과 하나가 되어 가고 있었습니다. 과거의 저는 지금의 저를 만들 수는 있겠지만 절대 현재의 저를 대신할 수 없었습니다. 제가 저를 사용하지 않으면 흘러가는 시간 속에 서서히 먹히고 아무도 쓰지도 기억하지도 못하는 사어가 될 테지요.

그 방법을 제게서 조금씩 찾아보려 했습니다. 모든 일은 한 번에 달성되지 않지요. 저의 일상을 단단하게 만들기 위해서 끊임없이 저 자신과 싸웠습니다. 우울과 무기력. 듣기만 해도 힘 빠지는 한숨과 목소리. 이 모든 것은 '나' 이기도 하지만 '나' 자체는 아니었습니다. 괜찮다고 생각하는 것. 한순간에 괜찮아진 것이라면 한순간에 무너지기도 했지요. 이렇게 도달한 생각 또한 정답은 아니겠지만 저는 조금씩 괜찮아지기로 했습니다. 성공한 사람들이 시간을 쪼개서 활용하라는 말은 조금만 더 미뤄둔 채로요.

잘되는 것보다 잘사는 것. 어떤 일은 저녁에 벌어지고 어떤 일은 아침에 벌어짐을 받아들이는 것부터가 시작이었습니다.

희망의 존재

　　될지도 안 될지도 모르는 것에 희망을 두는 것. 내가 정말 잘하는 일이었는데 어느새 될 것 같은 일에만 기대하고 전혀 가능성이 없다고 생각한 것은 기대조차 안 하는 게 일상이 되었다. 이렇게 되어버린 것에 후회를 느끼지는 않지만 조금은 허탈했다.

　　'희망'이라는 것은 내가 말할 수 있는 것 중 수준 높은 수위였다. 지속해 이어나가다 쓰러지면 희망을 보고 다시 일어났다. 가끔 정말 멀어졌다는 생각이 들어도, 세상이 잔인하다고 느껴도 희망을 벌컥벌컥 마시며 다시 일어났었다.

　　크게 특별할 건 없었다. 항상 내 옆에 있는 것인 줄로만 알았으니까. 근데 그 희망이 지금은 하늘만큼 멀어 보인다. 아침에 일어나 생각을 정리하고 몸을 움직이고 밥을 먹는 것들이 하찮게 느껴졌을 때 찾지 못했으니까.

　　크게 특별할 건 없었는데. 쌓인 눈을 보면서 그냥 눈을 껌뻑였다. 부족한 건 너무도 많았는데. 생활을 버리지 못하는 것처럼 나는 희망을 잊지 말았어야 했다.

    존재하는 것은 모두 가치가 있다. 별생각 없이 지나가는 시간들도 그렇다. 희망을 두고 하는 이야기다.

정확할 수 있을까

　정확하게 표현하고 싶어졌습니다. 정확하게 표현해내더라도 이를 받아들이는 상대가 어떤 기분인지 혹은 어떤 상황인지에 따라 잘 전달이 되지 않을 수도 있겠지요.

　안개처럼 말한다면 숨어있는 진심은 발각되지 않겠지요. 하지만 숨기려는 의도라면 정확한 표현이겠지요. 이따금 생각했을 때 저의 말하기 방법은 진실한 저를 가리기 위해 투명한 뼈 위에 무언가 덩어리스러운 살 따위를 치덕치덕 붙여서 말하고 있던 것 같았습니다. 확신 없는 확신을 누가 존중하고 누가 믿을까요.

　사람은 정보를 얻으며 살아갑니다. 메모를 할 수도 기억을 할 수도 있겠지요. 그런 정보들은 정확할까요. 의문을 가지다 의심하게 되었고 그 의심은 태도가 되어가는 듯했습니다.

　질문에 대한 답이 아니라 그냥 답처럼 보이는 정보들. 철이 들며 고집이 생기는 기분이었습니다. 눈앞에 떠다니는 정보들은 읽기도 쉬웠고 받아들이기도 쉬웠고 뱉어내기도 쉬웠습니다.

진심이 담긴 표현을 다루고 싶고 정확하게 그것을 전달하고 싶습니다. 생각이 많다고 해서 도달하는 게 능사는 아니었지요. 줄어드는 시야를 인정하며 낡아가는 순간을 기록해야겠습니다.

어쩌면 부정확하다고 인정하며 아집을 찢어내는 것부터가 시작일 테니까요.

비소설

실험적인 상황을 꾸준히 상상해보면 시대를 관통할만한 이야기가 탄생할까.

사람들이 웅성웅성 기다리고 있다. 문이 열리기를 기대하며 스타의 탄생을 염원하며. 단 하나의 빈틈도 용납하지 않는 시선으로.

연구자는 비난할 줄 몰랐다. 끊임없는 사색으로 한 분야를 포기하듯 자신을 집어삼켰다.

꿈과 연결된 현실은 바라볼 수도 없었고 느껴지기만 했으며 느껴보려 할수록 별과 별 사이의 거리만큼 멀어져 갔다.

갈등으로 무장한 시대가 세차게 급소를 치고 들어왔다. 숨과 피 대신 나오는 건 해몽의 일기. 그리고 경직을 느껴보지 못한 입김.

강제 종료된 실험은 어느덧 잘 팔리는 스타가 되었다.

빗소리에 나를 더했다

비가 오면 기분이 내려앉았습니다. 내려앉은 기분이 어디로 가는지 궁금해서 내면의 내면을 파보았지요. 커다란 문제가 있는 건 아니었습니다. 하지만 설명하기 힘든 그 기분을 단순하게 단정 짓고 싶지 않았던 것 같았습니다. 사람의 감정은 지워지는 게 아니라 덧칠하는 것처럼 느껴졌습니다.

살아가면서 받는 영향에 대해서 곰곰이 생각해보니 저는 모든 것에 영향받는 사람이었습니다. 크고 작음이 분명 존재하겠지만 그 영향은 부스러기처럼 존재하기도 했고 커다란 못처럼 박혀있기도 했습니다.

마음이 눈으로 보인다면 오히려 더 편했을까요. 일기예보처럼 짐작이 가능하다면 대비하는 재미가 있었을 수도 있겠지요. 추상적으로 생각할 수밖에 없는 마음. 수많은 영향으로 인해 강해져 있을 그런 마음.

어쩌면 스스로 이해하는 것이 가장 고된 일이 될 수도 있습니다. 본인만이 아는 그 불빛은 혼자일 수밖에 없더라도. 출구가 없어 자신에게서 자유롭지 못하더라도. 어느덧 스스로 위로할 수 있을 것입니다. 그 깊은 위로가 헷갈리지 않기를.

저는 심장 소리를 조금씩 아껴 듣기로 했습니다.

멍든 늙은 새

단순히 늙는다는 것은 뼈가 시릴 정도로 슬프다. 굳이 뭘 얻으며 늙을 필요는 없지만 10년이라는 큰 산을 넘어 나이의 앞자리가 바뀔 때 뭔가 큰 다짐을 하게 된다. 사소한 것부터 큰 것까지 조금씩 변화하려 한다. 하지만 아무런 변화 없이 그저 퇴화하는 것은 길가에 있는 돌멩이나 잡초보다 못하다는 느낌을 받게 한다.

내게 다가온 몰락은 나의 깨끗함을 지워버렸고 뛰고 있던 심장을 가치 없게 만들었다. 내가 꾸려온 것은 무엇일까. 나는 무수한 안개를 잡으려 했다.

수없이 울던 밤은 아파야 마땅했던 걸까. 늙어 간다는 것을 느끼기에는 아직 젊은 나이일지도 모른다. 늙어 간다는 느낌은 나의 허파를 굳게 만든다. 웃음이 사라지고 감정의 계단이 무뎌져 평평해지는 기분이 든다. 그 안에서 넘치게 외로워진다.

존재를 추구하자 시계가 멈춘다. 운명이 잘게 흩어져 한없이 가볍다. 약한 바람에도 날아갈 것 같다. 과거는 가버린 게 아니라 오고 있던 것이다. 현실을 비집고 더 나은 미래를 위해서. 나보다 더 어린 영혼에게 말한다. 더 멀리 날아가라고. 멈춰있지 말기를.

늙을수록 권태로부터 자유로워지기를 바란다.

애써 익사 직전까지 간 우리는 항상 부족했으니까.

사람의 온기

먼저 말을 건네는 일이 쉽지 않았습니다. 사회성이 부족했던 걸까요. 온라인과 오프라인에서 소통하는 데 어려움이 있었습니다. 그래서 더 서로 잘 알지도 못한 채 욕을 하거나 실례될 수 있는 행위를 하지 않으려고 유난스럽게 조심했습니다. 이해할 수가 없었습니다. 이해할 필요가 없다고 생각했던 게 더 정확한 표현인 것 같습니다.

가끔 사람들은 왜 서로를 욕하지 못해서 안달 난 것처럼 느껴지는 걸까요. 성공의 기준은 사람마다 다릅니다. 행복과 만족 그리고 자유도 저마다 다릅니다. 개인이 중요성이 커지고 서로의 배려가 일상을 크게 장식한다면 짓눌린 삶의 무게가 조금은 덜어질까요.

누군가를 대면하는 시간이 줄어들면서 점점 고립되어가는 기분이 들었습니다. 누군가를 믿고 신뢰하는 게 점차 어려워져갔지요. 알게 모르게 존재 자체로 위로받고 의지하고 있었던 느낌도 희미해져 가는 듯했습니다.

하지만 언제였을까요? 저는 사람에게 받았던 따뜻한 온기를 기억하기 때문에 계속해서 기대할 것입니다. 그리고 반응하는 것을 멈출 수 없을 것 같습니다.

꽃과 아이와 그리고 별들

유압 프레스기 위에 올려진 것 같았다. 지금의 나는 모아둔 돈도 없고 당장 어디론가 떠날 용기도 없었다. 문득 보고 싶은 사람마저 없다는 사실을 깨달을 때 내 안에 무언가 파괴되는 기분이 들었다. 그만큼 주변을 둘러보는 사람이 되지 못했다. 정확히 기억은 나지 않지만 나도 무수한 상처를 주기도 받기도 했다는 게 그나마 가지고 있던 한 움큼의 변명이었다. 학창 시절도 직장 생활도 그랬지만 인간관계는 끝이 없어 보이기에 더 힘들었다. "모든 게 끝났다"라는 것은 죽지만 않는다면 모든 것을 다시 시작할 수 있는 기회가 내게 부여되는 일은 아닐까?

끝난다는 말의 의미는 고요하고 깨끗하다. 꽃의 수명이 다하면 버릴 수밖에 없는 것처럼, 나도 수명이 다하면 이곳으로부터 버려질 것을 알고 있다. 쓸쓸함이 나를 조인다. 엄마가 좋아하는 프리지아를 산다. 전달할 수 없더라도 담고 또 담아 추억하고 또 추억할 것이다. 엄마에게 나는 언제나 아이다. 내가 자립해서 돈을 벌고 앞가림을 한다 해도. 몸이 크고 생각이 커도 엄마 눈에는 여전히 나는 아이다. 엄마의 기억이 온전하지 않더라도 묻고 싶다. "나는 어떤 아이였어요?" 사실 그 아이는 지금 존재하지 않다는 것을 나는 여실히 느끼고 있다. 하지만 엄마에게 나는 여전히 아이이길 바란다.

내가 기억하는 건 불행하다는 것. 그래서 현실과 닿을 수 없는 별을 좋아했다. 반짝이는 것은 소중하게 다루고 싶었다. 스스로 온전하게 빛을 내는 존재가 있을까. 아이의 빛은 사랑을 담고 있었다. 아이는 순수와 얼룩이 어울렸고, 실패와 미래가 어울렸다. 아이가 받은 상처는 새살을 돋게 했다. 나의 선생은 실패를 극복한 내가 아니라, 실패하고 있는 나였다. 가끔 그때가 그리운 것은 미래적 사고와 과거적 사고가 잠시 충돌했기 때문이었다. 별처럼 언제나 곁에 있던 것은 내면의 형식을 직조하고 있는 나였음을. 나에게 "탄생을 축복한다."라고 온전히 말해줄 수 있는 날이 오기를 진심으로 바란다.

"이상한 모양의 아이가 자꾸 눈에 밟혔는데,
그때 느끼던 행복은 사명감일지도
모르겠다며 고개를 끄덕였지."

실패의 낙엽

　실패를 거듭하며 살아가고 있습니다. 저는 어떤 모양일까요. 잠을 쏟아내고 알약을 먹는 것에 대한 회의가 들 적에 어떤 균열이 일어나고 있던 것이었을까요. 손에 담긴 욕구를 털어낼 수 없어요. 그랬다간 얼룩덜룩한 내면이 드러나고 말 테니까요. 목소리는 내면과 외면을 모두 포함하고 있는 것 같았습니다. 저는 목소리에 힘이 있는 사람이 무서웠습니다. 제 안에도 분명 그런 모습이 있겠다고 생각했습니다. 사람은 부분적으로 닮아있는 것 같았습니다.

　떠다니는 문장 속 단어의 배열은 귀에 담기 어려웠습니다. 구조가 아닌 단어적인 것은 귓속에 '퍽'하고 박혀 마음이라는 보이지 않는 기관에 담기는데 말이죠. 그 사람이 누군지는 중요하지 않았습니다. 단어가 가진 힘은 굉장해서 움츠리기 일쑤였죠. 그래서 저는 단어가 가진 껍데기는 눈으로 귀로 슬쩍 느끼고 단어와 단단히 연결되어 있는 것들을 보기로 생각했습니다.

　저의 내면과 타인의 내면이 조금이라도 연결되어 있다면, 그렇게 대화와 이해가 가능하다면 좋겠다는 생각으로 그 균열을 조금씩 믿어보려 합니다.

실패와 슬픔이 나뭇가지라면 낙엽이 될 작은 잎사귀들을 피워낼 수 있지 않을까요. 낙엽은 거름이 되어 타인에게 좋은 영향을 주기를 조금이나마 희망합니다.

공통분모

　사진 속에서 그 시절의 기억은 내 마음대로 편집되어 있겠지. 나에게 유리하고 좋은 쪽으로 잘린 기억은 가끔 불청객처럼 느껴진다. 나의 앙상한 영혼을 마주한 기분. 살아감에 있어 불리해지고 싶지 않은 거겠지. 낯선 태도는 천체를 따라 곤두선다.

　과거를 뒤지는 짓은 다가올 미래를 대비하기에 적당하다는 것을 깨달은 지 얼마 되지 않았다. 왜 '짓'이냐면 나는 과거를 버리며 살았던 탓에 과거를 뒤지는 행동은 큰 일로 느껴지기 때문이다. 다행스럽게도 술을 거의 줄인 덕에 최근은 수월하게 기억해내 떠올릴 수 있었다.

　사람은 유일하게 과거와 현재 그리고 미래를 구분 짓는 동물이라고들 한다. 그렇기에 세월 속에서 우리는 좀 더 현명해질 수 있는 것 같다.

　시간은 술에 의존하던 내가 조금씩 다른 해소법을 찾으며 미래를 꿈꾸기 시작하게 도와주었고, 더 나아가 내가 기억해내는 모든 과거가 조금도 미화되지 않은 채 아름다움을 지니고 있었으면 좋겠다는 생각을 갖게 해주었다.

　시간은 때로는 두렵고 뗄 수 없는 운명 같은 것이지만, 진단과 처방의 그릇이며 모두의 공통분모이기에 더 나은 삶을 위해서 나는 마주할 것이다.

대화

　　간담을 서늘하게 하는 무엇, 타인에게 제 의견을 피력하는 것, 그리고 저의 존재를 전달하는 건 두렵고 애먼 일이었습니다. 사건의 사건을 내밀어 내가 이만큼 고생했다며 자랑질을 하는 것만큼 우둔한 것이 있을까요. 이야기의 끝은 인정받기 위함인가요? 배설하고 뱉어내면 그만인가요? 어쩌다 무게 없는 속도로 대화를 나눈 적이 있었습니다. 상대방은 초면이었고 다시는 볼 일이 없을 것만 같은 상대였지요.

　　대화라는 것은 이미지를 그려나갈 수 있게 생각을 공유하는 것. 일방적인 대화는 피로도가 쌓이는 행위일지도 모르겠습니다. 가볍지도 무겁지도 않은 듯한 중력이 없는 대화. 그래도 이야기를 이어감에 전혀 이상한 괴리감도 느껴지지 않았습니다. 물론 상대방은 어땠는지 물어보지 못해서 아쉬웠지요.

　　언어의 기울기는 낭창합니다. 그리고 드문드문 약점이라고 파악되는 것들도 생기기 마련입니다. 같은 온도로 대화를 한다는 건 어렵습니다만, 그만큼 도달한다면 언어와 마음이 한층 더 확장될 수 있다고 믿습니다.

 대화의 시작은 뇌의 근육을 두드리는 것부터였습니다.

 이따금 죽어버린 시간 위에서 당신들과 함께해서 좋았다며 고개를 끄덕였으니까요.

변하는 것

지나간 시간은 잡을 수가 없기에 더 아름답게 보였다. 도 넘은 비난에 상처가 났으며 생각의 깊이가 늙어 갔다. 느낄 수 있는 것이 점차 줄어들어 울기보다 웃어넘기는 일이 많아졌다.

내가 고개를 끄덕일 수 없는 건 그럴 이유가 없어져서였다. 동의를 얻는 것은 점차 어려워졌고, 공감의 장벽은 서서히 높아져 하늘 절반을 메울 기세였다.

막 생각난 단어가 몇 초 만에 기억이 나질 않았다. 내가 느끼던 감정조차 정착할 수 없었다. 마음이 뜨거워지기보다 정수리가 뜨거워졌다.

누군가의 덕목은 변기 속에 있었고 또 다른 누군가의 덕목은 해물탕 같은 것 속에 있었다. 점점 설명할 필요를 못 느껴 아무런 말 없이 눈만 껌뻑이고 있는 일이 잦아졌다.

그렇게 모든 문장이 사람을 거치면 거칠수록 변하는 것을 알았다.

나는 조금 더 나아갈 이유가 생겼다.

재난 문자

　살면서 이렇게 재난 문자를 많이 받는 경우가 있었을까요. 어쩌면 이런 드라마 같은 일상 속에서 숨 쉬며 산다는 것 자체만으로도 자신감을 가져도 되는 것이 아닐까 했습니다.

　코로나 시대.

　상당히 당황스러웠고 어떤 식으로 대처를 해야 할지 구체적으로 감이 잡히지 않았습니다. 아마 대부분 그렇겠지요.

　시간이 지날수록 시대의 바깥으로 떠밀려가는 듯한 느낌이었습니다.

　이 짧은 글을 쓰는 와중에도 재난 문자가 울립니다. 듣고 있던 노래가 잠깐 중단되며 확진자가 늘어난 정보를 얻습니다.

　걱정과 시름 속 떠밀려가는 것도 쉬운 일이 아닙니다. 몸과 마음이 모두 지쳐가겠지요.

진심으로 모두가 만족하는 일상들이 되었으면 좋겠습니다. 그리고 모든 사람이 더 이상 아프지 말았으면 합니다.

태엽

　오해를 뒤집어 이해하려 하니 썩어버린 것과 공범이 된 것만 같다. 슬픔의 비율은 엉망진창이다. 순도 높은 감정도 어물쩍 이해할 수가 없다. 나만의 방법으로 시도했다. 그러나 모두 실패했다.

　사랑할 가치가 없는 것을 사랑하는 것만큼 무너지는 일이 있을까. 표적이 잘못된 것을 알지만 그것을 향해 쏘는 행위. 물리적으로 아플 수밖에 없는 이야기다. 끔찍한 사랑은 나에게도 분명 존재했다. 나는 그것을 배척했다. 나약한 나의 사고로는 버틸 수가 없었기에. 그저 방치한 것도 아니고 구기고 구겨서 보이지 않을 정도로 작은 상자에 넣었다. 그리고 철저히 잊은 채 살았다.

　타인에게 접속하는 것을 매우 쉽게 생각했었다. 그러나 지금은 함부로 해서는 안 되는 일처럼 느껴진다. 신기루 같은 당신들과 설명 없는 위로를 주고받은 것이라고 생각하기도 했다.

　공동으로 느낀 것을 배합하면 그나마 나았다. 손을 모아 생각을 그럴싸하게 포장하는 것. 모두가 느낄 만큼 공범이 되는 것. 나의 공동체는 그렇게 표적 너머로 사라졌다.

    시계를 작동하기 위해 태엽을 감는 것처럼 사람과 만남을 가지고 싶지만, 나는 여전히 사랑과 사람이 무섭다.

파랗고 하얀 하늘

저마다 예쁜 새를 갖고 있어요. 여기서 말하는 '새'는 '노래'이기도 하며 '기분'이기도 하지요. 관계로부터 희석된 마음은 강한 힘을 갖고 있고, 예쁜 새는 어떤 무리를 만들기도 합니다.

서로에게 좋은 소리를 하는 것도 어려워지는 것 같아요. 가뿐히 휘발된다고 생각하는 소리가 가끔 마음에 유효하게 작용할 때가 있어요. 좋은 소리건 나쁜 소리건 내면에서는 어떤 굉음을 낼 때. 그 순간을 손으로 꼭 잡아보고 싶어요.

우리 좋은 일만 있기로 합시다. 그렇게 합시다.

"꼭 끌어안는 기분을 느꼈으면 합니다."

당신

비는 저녁

도망가기도 바쁜 하루. 사연이 있는 눈 같아 보인다며 지적 아닌 지적을 받았더랬죠. 그 안에서 저는 저 자신을 사랑하는 방법을 헤아리려 했습니다.

작은 일식집에서, 요리사에겐 미안하지만 지금 저 자신에게 의미 없는 덮밥을 주문하고 멍청하게 허공을 쳐다봤습니다. 언제부터 이렇게 텅 빈 삶을 살았는지 자문하기도 벅찼죠. 따뜻한 날씨에는 괜히 기분이 좋아지고 웃었던 기억이 납니다.

당신은 존재했지만, 지금은 없지요. 특별할 게 없는데 특별한 저의 요즘은 눈 뜨면 온몸에서 비가 내린답니다. 이런 기분을 잠식시키고자 저는 술을 마셨어요. 매일요. 이불을 덮고 잠이 들면 빗소리가 더 심해집니다. 이런 나를 과거에는 상상조차 하지 못했죠.

이미 인생이란 커다란 막차를 놓친 게 아닐까 하는 생각이 듭니다.

집에 있지만, 집에 갈 수 없는 기분.

그었던 선 만큼 당신과 나 사이를 텍스트로 기워봅니다.

저는 자신을 사랑하는 방법을 모릅니다. 하지만 그런 저를 당신은 사랑했더랬죠. 어떠한 앙금을 남겨두고 간 당신을 생각하면 저는 큰 수모를 겪은 듯 숨이 벅차오릅니다. 그래요. 가끔이지요.

이날 저는 덮밥을 남김없이 먹었어요. 후회 없는 식사였어요.

다시 느낄 수 없는 계절

당신의 사연을 나열하지 않더라도 당신이라는 사람, 그 자체로도 좋았어요. 누군가 아프면 처음으로 대신 아프고 싶었지요. 무기력한 아침에 세상을 수혈할 수 있게 만들어준 당신.

조화를 생화처럼 바라볼 수 있게 만들어주어서 고마워요.

우리의 울음이 새하얀 눈 위로 떨어졌을 때. 우리의 이야기는 조금 더 솔직해질 수 있었을까요.

아마도 안개 속에서 참을 수 없이 흘러내리고 있습니다.

그런 날, 바닥이 마모된 욕조로 슬픔을 데우며 시원한 여름을 되새기기로 했지요. 계절의 접시를 나누며 눈썹만으로도 안부를 묻는 당신은 더 이상 볼 수 없음을 알고 있습니다.

당신의 결혼식

　당신의 결혼을 상상해본 적이 있어요. 익숙한 얼굴은 없겠지만, 많은 사람들 사이에서 행복한 얼굴을 하고 있겠죠. 더 예뻐지고 성숙해진 당신은 어떻게 살아왔을까. 어떻게 행복해지는 방법을 찾았을까. 어떤 마음으로 카펫 위를 걷고 있을까. 궁금한 점이 우수수 떨어지겠죠. 하지만 영원히 알 수도 없고 알 자격도 없기에 어쩌면 더 보고 싶어지겠죠. 내가 헤매는 건 당연한 수순이었던 거 같아요.

사라져가는 것들

　　창백한 시간을 마주할 수가 없어 나를 덮어주던 온기를 살며시 보내며 집 안에 등을 켜는 순간 흩어지는 아픔을 잡아내 보려 한 적이 있었다. 비가 내리면 따뜻한 사케를 마시고 싶은 것처럼 무언가에 이끌려 밖으로 나왔다. 서울로 이사한 지 어느덧 꽤 지났다. 이사 초기에는 적응하기 힘든 몸과 정신을 붙잡으며 새로운 가구들을 그저 바라보기도 했었다.

　　소중하게 생각했던 것을 모두 두고 왔다. 당신마저도 두고 오게 될 줄은 몰랐다.

　　당신은 내 마음을 항상 뒤집어 놓았고 비 오는 소리를 좋아했다. 창밖으로 비를 보며 빗소리를 듣는 것이 행복하다고 했다.

　　나는 이웃 주민들에게 담배 피우는 모습을 들키기 싫어서, 애써 몸을 숨겨 비 오는 지붕 밑에 쪼그려 앉아 시간을 보냈다.

　　이사를 오며 잠깐이나마 나의 단어들을 정리한 적이 있는데,

그동안 부족한 시간을 보냈다고 스스로 매질했다. 경제적인 여유조차 생각할 겨를이 없었는데, 경제적인 압박과 월세를 내야 한다는 스트레스가 나를 조금은 살고 있다는 생각이 들게 해주었다.

"아, 내가 이다지도 절실할 수 있구나."

그동안 일을 안 한 지 오래되어서 다시 일을 못할 줄 알았다. 하지만 막상 돈이 필요해지니 무엇이든 하게 되었다. TV에서 본 어떤 사람의 인터뷰가 떠올랐다. 직장을 계속 다니게 되는 가장 큰 이유가 대출을 받는 것이라고. 돈이 인생을 좌우한다고 생각하지는 않았지만, 점점 현실을 보게 되는 나이가 되니. 어른들이 기술을 배우라고 했던 가볍게 지나치는 말들도 조금씩 이해가 되기 시작했다. 하지만 아직 나는 모른다. 나를 감싸던 슬픔이 내게 무엇을 말하려 했는지. 새로운 것들을 이해하며 안식을 찾아가는 지금의 나는 아직 주변을 모른다. 그렇기에 더 이해할 여력이 남지 않았나 싶다.

이 모든 것들이 사라져가는 것들이 된다면 비가 오는 날 배수구로 빨려 들어가는 비처럼 사라진다면, 아무도 기억하지 않는 그 배수구로 들어가는 것들을 다시금 상기시켜 기억해낼 거라고 끄덕였다.

이 모든 것은 당신이 없었다면 존재하지 않았다

예정된 이별은 그때 그 장소와 당신의 목소리의 무게까지 기억할 수 있게 만들어주었다. 만나서 감정을 정리하는 것은 참 잔인했다. "나는 아직 당신을 사랑해."라는 말이 목 끝까지 차올랐다. 안간힘을 써 진정시켰다. 이렇게 이별하는 순간까지 예뻐 보이는 당신을 어떻게 잊을 수 있을까.

시간은 흐르고 그때 그 장소는 카페에서 음식점으로 변해있었다. 당신과 자주 가던 모든 곳이 생생하다. 글을 적는 이 순간까지도 슬픔으로 나 자신을 겨누고 있는 듯 미련한 나는 아직도 과거에 머물러 있다.

바보 같은 심정을 이렇게 토해내고 나면 나에게 남는 건 무엇일까. 솔직히 말하면 다시 돌아왔으면 좋겠다. 몇 번이고 다시 생각해봤다. 이 그리움이 과거를 그리워하는 나 자신 탓인지. 그저 즐겁고 예뻤던 과거가 미화된 것인지. 지워지지 않는 미련에 나는 다시 또 괴로워졌다. 현실의 일상이 기억 속 푸르스름한 빛에 휩싸이는 것 같았다.

이 모든 것은 당신이 없다면 존재하지 않았다.

머리로는 알고 있다. 부질없는 그리움이라는 것. 아직 시간이 더 필요한 걸까. 내 아픈 머리로는 정답에 닿을 수가 없다.

관계의 종말

연인이 있었다. 자신을 돌아볼 수도 없었고 돌볼 수도 없었던 한 사람, 그리고 그를 지켜볼 수밖에는 없었던 또 한 사람. 세상에 관계만큼 쉽고 또 어려운 것이 있을까.

연인으로 아껴왔던 시간. 그게 나의 날 것 전부였다. 어려서 그랬을까. 감정 조절이 쉽지 않았던 그때. 자기혐오로 가득 차 상대방을 기만했다. 거짓된 배려로 자신을 버려가며 그 소중했던 관계를 가볍게 만들었다. 그러니 과거를 돌이켜볼수록 후회로 가득 찼고 그 마음이 유독 간사해 도저히 견딜 수가 없어서 아무것도 할 수가 없었다. 종잇장처럼 찢어지는 마음은 좀처럼 사라지지 않았다.

사랑할수록 상처 주기도 받기도 쉬워지기에 더 조심하고 무거웠어야 했다.

그리움에 감염되어 아무짝에 쓸모없는 푸념을 적어 내려가고 있는 걸지도 모르지만, 누군가와 이별을 준비하거나 생각한다면 조금 더 신중했으면 좋겠다.

　시간이라는 밧줄은 가끔 온몸을 조였다. 숨은 쉬어지지 않았고 서서히 흐려지는 시야. 지친 마음속 연인은 뒷모습으로 존재했다.

"텅 빈 껍데기 같은 사람에게 창문을 달아주어서 고마워."

착석

　빽빽하게 느껴지는 계절감이 느껴지면 기분이 환해집니다. 조화로워지고 싶어지고 공간의 기적을 숨기며 호흡을 유지하는 것이 어려워집니다. 겨울의 입. 다물지 못한 투명한 문장들. 당신과 나의 차가운 자리가 체온으로 따듯해지면 잠시나마 봄이 옵니다.

　천천히 바람의 냄새를 맡아봅니다. 밖은 여전히 춥습니다. 당신과 나는 취향의 배면을 쓰다듬어보면 온전히 저에게 스며들게 하고 싶습니다. 조금이나마 같은 방향으로 걷게 되기를. 짙어지는 겨울밤. 붉어지는 귀와 볼. 하얀 숨의 선착장은 경계 없는 하늘.

　마른기침 두어 번. 다음에 또 보자는 말과 함께 당신은 서서히 멀어집니다. 기울어지는 망설임이 발끝에 치입니다. 그렇지만 아무것도 알 수 없었습니다.

　보이지 않는 진실을 떠 놓기를 잘했습니다.

당신이 나에게 해주었던 말을 기억해

"언젠가 누군가에게 반드시 전해질 거라 믿으니까"

당신이 나에게 해주었던 말을 기억해

귀를 기울이는 행위에 가까워지는 거리

나는 내가 시시해 보일까 봐
도망치듯 자리에서 일어났어

잠깐이나마 들떠있던 내가 부끄러워
네게 다녀온 기분을 애써 지워나갔어

해가 지고
해가 떠도

내 발바닥은 주인을 잘못 만나 매번 같은 곳만 걸었지
말과 시선조차 한곳에 머물러 있었어

그렇게 갈증 속을 헤매다
아무와 만나 말하고 싶어도
그러질 못하는 내가

가장 잘하는 것을 해보려 해
자책하고 후회하고 뉘우치고

아직도 나는 그러고 있어서

당신의 웃는 모습

　　침묵은 원하면 멀어져갔고 원하지 않으면 조여온다. 한 권의 시집을 한 달째 읽고 있다. 투명한 유리병에 담아둘 것을 생각하느라 좀 더 시간을 보냈다. 당신의 얼굴은 점점 흐릿해지더라도 접어둘 수가 없다. 차가워진 호흡은 코끝을 움켜쥐진 채 스스로 망각한다.

　　해체된 문장 속 느낄 수 있는 게 없더라도. 당신과 대화하고 싶었다. 어떻게든 필요한 사람이 되기 위해 노력하고 싶었다.

　　금방 까먹었을지도 모른다. 하지만 그토록 먼 이름이 왜 그렇게 갖고 싶을까. 어차피 내 것은 온전히 존재하지 않는다는 걸 아는데.

　　과거를 비출 수 있다면 그걸로 만족해야 할까.

후회

    태어난 직후 온전할 수 있던 순간은 오로지 당신과 만났을 때였다. 나는 그리움을 느꼈을 때 그것을 깨달았다.

    -너에게 받은 생일 편지를 내가 제일 좋아하는 시집에 끼워 놓았더라.

지금은 또 그렇지도 않네요

당신과의 기일과 점차 멀어집니다. 벌어진 거리를 가늠할 수 없지요. 얼굴을 가리며 산 지도 꽤 되었네요. 이미 테이프의 필름을 모두 꺼낸 터라 추억을 드러내는 일은 불가능한 것 같습니다. 당신의 현재를 궁금해해서는 안 된다는 것을 아니까요.

작은 배였습니다. 목적지가 딱히 있던 것도 아니었고, 당신과 나만으로 충분한 넓이였습니다. 시간이 지나고 당신마저 없으니 이 작은 배의 공간이 이리도 공허할 수가 없었습니다. 노 대신 손바닥으로 저어도 충분히 앞으로 가던 작은 배는 닻을 내린 것도 아닌데 전혀 움직이지를 않습니다. 당시 웃음 짓던 나를 온전히 느낄 수가 없어졌으니까요.

보고 싶다는 말이 그때의 당신을 보고 싶은 건지 그때의 당신과 나를 보고 싶은 건지 이제는 잘 모르겠습니다. 시간이 조금 더 흘러서 당신에게 닿을 수 있다면, 그때는 이상한 평화를 찬찬히 느껴보려 합니다. 잘 웃던 당신과 잘 울던 나는 아직 살아는 있으니까요.

가끔 단어 하나로 인해 울음 직전까지 간 적도 있었지요. 지금은 또 그렇지도 않네요.

반짝이는 당신

가끔 밤이 꺾이고 새벽이 금세 찾아오면 당신이 보고 싶어집니다. 당신과 나의 거리는 헤아릴 수가 없지만, 손을 뻗으면 금방이라도 닿을 것만 같기도 합니다. 뇌에 산소가 부족하면 하품과 눈물이 나오듯, 부족한 기분은 퍽 다정할 수가 없습니다. 당신은 깊이 잠겨있습니다. 찬란한 당신의 눈빛은 오래도록 기억나겠지만 당신의 이목구비가 뚜렷하게 기억나지는 않습니다.

어쩌면 이런 글을 적는 것도 처음이자 마지막이 될 수도 있겠다는 생각이 듭니다.

그렇게 아득해진 당신을 추억하면 잘못하고 있다는 생각도 종종 듭니다. 몇 년 후 당신은 누군가의 든든한 반려자로 아름다운 가정을 꾸며 행복한 삶을 살 테니. 당신이 무조건 행복할 거라는 저의 상상 또한 당신에게 충분히 불쾌감을 줄 수도 있겠죠. 하지만 감히 예단합니다. 당신은 그럴 자격이 있고, 행복해지는 방법을 점진적으로 알아가면서 어떤 '삶'에 도달할 수 있을 것으로 생각합니다. 그래요. 이제 여기까지만 당신을 생각하겠습니다.

끝까지 보고 싶던 당신. 그저 당신의 행복을 바랍니다. 설명할수록 좀 더 나은 단어를 이어붙이고 싶어지는 마음은 제가 죽기 전 글을 쓰는 순간까지 남을 듯합니다.

축축해진 베개 밑에 웅크린 반짝이던 것들. 밑바닥에서 하나씩 찾아내 깊고 깊은 곳에 넣었습니다.

잠깐이지만 참 고맙다고 전하고 싶습니다.

"환하게 웃는 당신의 모습이 보고 싶습니다."

아름다움

0

지지리도 순수해지고 싶음을 단념하는 것, 사고는 날 항상 압박한다.

고뇌하는 것은 저항하는 모습일까.

마지막이 항상 마지막이 되지 않음을 보는 건 나를 괴롭게 만든다.

낡아가는 영혼의 쇳소리가 들린다.

I

사랑과 사람의 아름다움은 쌓여지고 도려내지듯이-
'아름다움'은 잔향이 피어난다.
일렁이는 모든 것을 전부 아름답게 전달할 수는 없을까?

내가 낳은 스스로에 대한 경멸은 죽었다 다시 태어나면 한층 더 세차진다. 그렇게 나약한 아름다움은 어떨까. 아마 자기합리화를 향한 불편한 진실이 될 것이다. 철저하게 숨기는 모습이 아름다운 것이라면 그렇게 하겠다. 형식을 파괴하는 게 아름다운 것이라면 그렇게 하겠다. 감각이 도태되어 진정한 아름다움을 느낄 수 없다면 최선을 다해 절망할 것이다.

아름다움에 대해 입술을 모아 살며시 이야기해보고 싶다.

2

곁을 준다는 느낌은 따뜻한 기분입니다
대화를 집처럼 단단히 지어가며 서로의 휘몰아치는 슬픔을 기억해주는 것

위장 없이 나의 모든 것을 건네고
정지된 상황이 편안할 수 있도록

우리의 닮은 부분과 다른 부분을
한 면에 올려놓은 채
작품 보듯
바라보고 싶습니다

3

어슴푸레 보이는 침묵의 현상

운명은 기침을 한다

나태한 질서로 유지된 어떤 검은 날

달아나는 측은한 진실과 편견

길어지는 게 우리의 마음뿐이어도

쏟아지는 것들 사이로

이유는 피어난다

4

발가벗은 영혼
가여운 것들 사이로 잿빛이 춤을 춘다

마음이 충분해지기 위해서는 담아내는 것이 중요할까

지독한 발성이다. 말을 잘 못 해서 눈치가 늘어간다. 순간의 표상으로 살아간다. 심연을 파악하려면 병자가 되는 수밖에 없다. 마음의 빗소리는 정적과 같아서

바래진 기억 더미 속에서 찾아낸, 쨍하고도 쓸쓸한 추억을 영혼으로 품고 싶다

5

갈증을 염두에 두며 사는 것은 거시적인 모멸감을 두르고 사는 것 같다.

6

푸른 잎과 감내의 결실
여실히 흐르고 있다는 계절감

안도하는 모습
창백한 기분

사라진 것을 생각합니다

땅속에 꾹꾹 눌러 묻어둔
기억의 기억들

당신의 문장이 끝나지 않기를 바랍니다

안식
소망

야속한 영혼 따위 믿지 않으리라

7

왜 항상 변명을 생각하며 살았을까. 행동 하나마다 이유와 의미를 두고 해석보다 해설을 두는 도피방식.

빛나는 재앙. 어제와 오늘 별반 다르지 않은 날씨처럼.

손바닥에 올려두면 큰 것도 작아 보였다.

8

아름다운 영혼의 옷깃을 잡았다.

내가 조금씩 담아둔 세상은 지워지지 않아.

꽃이 전혀 없는 삶.

다음 생에는 새로 태어나자.

당신의 형체.

눈꽃처럼 서서히 녹아간다.

당신의 목소리가 듣고 싶었다.

나를 담은 신발이 한없이 미워졌다.

9

 희미한 날에 대해서 습관처럼 기억해내려고 했다. 다들 잘 지내기는 하나요. 저는 신호등을 눈으로 매만집니다. 횡단보도를 지나가는 행인과 동물에게 모두 존댓말을 쓰곤 했다. 건널목에 있는 눈동자로부터 제 형상이 만들어진다면 어떤 모양일까요. 이어진 뒷모습에 햇빛은 장식을 만들어내고는 했다. 풍경을 또박또박 설명할 수가 없어서 점점 늙어 가는 것 같습니다.

10

우주를 베어 물고 싶다. 입을 최대한 벌려서 아주 크게 한 입 정도. 우주에서 얼굴을 본다면 눈과 코와 입은 어떻게 보일까. 감정을 나타내는 얼굴과 감정을 숨기려는 얼굴. 너무도 작아 꾸며 놓아도 전혀 알아차리지 못할까.

우주에 설탕을 심고 싶다. 하늘에서 떨어지는 눈을 먹으면 달다는 생각이 들 정도로.

‖

간절한 얼굴의 뒷면은 축축하게 젖어있었다.

실패를 인정한 것은 온전하게 맞이한 날씨 같은 것. 고개를 올리는 힘으로 티셔츠를 입었다.

12

　어려운 전시장을 돌아다니다 저와 같은 눈동자를 가진 사람이 있었습니다. 아마도, 반가웠습니다.

13

클래식 음악을 듣는 건,
한음 한음 소중하게 마음으로 들여온다.

...

그리고 내키는 대로 감정과 접속시킨다.

한참을 고민한다.

그것을 묘사한다는 것은 슬픔을 고백하는 것과 비슷하다.

14

　우리는 사람이길 주저한다. 감정은 잘 다듬어야만 잘 짜인 천처럼 쓸모가 있을까.

　친구야. 전에 읽어보라고 했던 인간실격은 읽지 마라. 축복을 저주하는 어리석은 행동은 너에게는 필요 없잖니.

　언젠가 나는 너처럼 되고 싶구나.

15

빗금으로 보이는 세상. 내가 담아둔 그리움으로 어떤 천사를 바라본다. 애써 적막을 끼워 넣는 비극. 되감아 보는 일이 잦아진다. 천사를 끌어안을 수 있을까. 잠재적인 얼굴의 넝쿨이 가득하다.

사람을 넘어갈 때 작은 알갱이들이 땅바닥에 떨어진다.

가여운 눈물 조각들.
색채가 없는 과거.
줄어든 말 수가 표정을 괸다.

봄과 겨울 사이의 실패한 사랑들.
죄처럼 보이는 핏줄들.

천국으로부터 수배가 내려온다.

사람을 넘어갈 때 뜯어지는 테이프는 항상 투명하다.

16

　미안해요. 촘촘한 자갈 위에 거추장스러운 머리를 놓아두었어요.

　툭, 툭.

　머리칼이 젖습니다.

　탁한 오늘을 살아내고 달빛에 반사된 어제에 안부를 전했습니다.
　제 눈동자에 점유된 하늘은 캄캄하네요.

17

그해 봄.

그곳에서 하나의 사랑을 보냈습니다.

텅 빈 계절이 되었습니다.

사랑의 핏줄은 조용히 야위어갑니다.

사라지지 않는 아름다움을 가졌던 얄팍한 꿈.

침묵으로 대답하던 우리만의 겨울 바다.

크고 작은 폭죽의 끝과 수평선 끝 쪽에서 일렁이던 붉은 눈물 같은 것.

기억에만 존재하는 붉은 빛으로부터 어떠한 기분들을 부여받으며 살아가는 걸지도 모르겠습니다.

18

(사랑한다, 너를)

습관처럼 문제를 모으니, 흔들리는 음성 사이로 영혼이 새어 나옵니다.

-긴히 할 이야기가 뭐야?

네 손을 잡고 있지만, 기약 없는 감정이. 또렷한 어떤 현상이.

진심의 질감을 보내고 싶지 않으면 더 보내야 합니다.

19

이별하지 말았어야 했던 것에 대해 잠재워봅니다.

슬프지 않아도 괜찮다면, 그대로 웃어나 볼까요.

이해하지 못했던 것들이 이해됩니다.

당신의 사라짐은 언제고 제 안쪽에 있을 테니까요.

20

울어도 괜찮아요. 사람이 매초 아파야 할 이유는 없으니까요.

슬픈 게 없이 울어도 나약한 게 아니에요.

언젠가 닿게 될 내일은 전부 당신의 것이니까요. 그렇게, 당신의 아득한 내일과 이따금 따갑던 오늘은 서서히 괜찮아지겠지요.

21

　소년 시절, 안톤 체홉을 읽었고 떡은 싫어하는데, 떡꼬치를 좋아했다. 지하철에서 사람을 구경하기를 좋아했다. 뜨거운 여름에 추운 에어컨 바람보다 선선한 선풍기 바람을 좋아했고 청춘 드라마를 보며 꿈을 키워갔다. 자신의 행동에 법적인 책임을 져야 할 시기가 왔을 때 연인과 이별했다. 친구들과 작은 술집에 옹기종기 모여 맥주와 소주로 미래에 대한 갈증과 실연의 아픔을 달랬다. 다자이 오사무를 좋아하게 되었으며, 사람에게 상처받고 상처를 주었다. 연기를 하고 싶었던 꿈을 포기했다. 자신의 고민을 털어놓기가 꺼려졌고, 애정결핍이 생겼으며, 죽기를 다짐했다. 결심했다. 다시 사랑을 했다. 커피를 좋아해서 매일 마시게 되었다. 자신이 가진 미련의 조각을 찾아내고 싶어졌고, 자신이 태어난 것을 부정했다. 모순이 가득한 자신을 혐오했다. 종종 산책하곤 했다. 죄를 지었다. 과거에 무너진 자신은 그저 상처가 조금 난 정도임을 인지했다. 모든 것을 포기하고 싶어졌다. 금방 포기만 하다 죽고 싶지는 않아졌다. 꿈과 현실을 구분하지 못하게 되었으며, 술에 중독되었다. 웃었다. 울었다. 마땅히 살 이유가 있던 친구의 이야기다.

22

너의 문장을 수집하다
따뜻한 끝맺음으로부터 빼앗아 온 것
뜯어진 얼굴의 부스러기 같은 것

가족도
친구도
연인도
아무도 걱정하지 않으니
별로 아프지 않았어

한낮에 기억 한 짝을 잃어버렸다.

23

구체적인 여백을 메우는 일.

시간의 점도가 굳어간다. 살아가는 행위는 슬픔과 행복 사이 어디쯤에 있는 걸까. 아무리 허공을 두드려도 공허해지는 것을 알면서도. 이토록 감정의 실패를 공부하는 것은 눈동자의 허기를 가득 채운다. 우리가 남이 되어가는 것은 영원의 모양을 잘 모르기 때문이다. 함께 만들던 향기를 맡는 것은 지독하게 처절하다. 이상한 끌림의 기이함. 잘 알던 얼굴과 차갑던 얼음이 녹는다.

마음의 출생지는 여실히 빈 집이다. 먼지 쌓인 이음매를 만져본다.

24

읽으면 유실되는 것처럼,

25

온몸이 아프기 시작한 뒤로부터 열병은 점점 잊혀간다. 한없이 반대쪽에 있던 사랑에게 곁으로 존재할 수 있을 것만 같았던 희박한 숨결이 젖은 메모지 위의 볼펜 자국처럼 짓이겨져 간다.

26

뜨거운 햇빛으로 창문은 가열되고 있지만, 비슷한 마음으로 모인 여기는 찬 겨울이 온 듯하다.

입술이 튼 채로 뜨거운 커피를 마신다.

여러 갈래의 그림자. 또 다른 입술들.

아무도 끝까지 읽지 않는 글처럼, 언제 퇴장하는지도 몰랐을 그들과 나는.

제 발로 사랑을 빠져나왔다.

27

아름다움과 슬픔은 서로에 대해서 늘 녹고 있다. 그동안의 단련은 무엇을 위함이었을까. 추출된 기억은 소리 나며 멀어진다.

정작 울려 퍼져야 했을 문장은 가슴 중앙쯤에서 머물러 있다. 겹쳐진 포기와 나를 향한 나의 비난. 그날의 기분으로 기억이 움직인다. 나의 기억은 도무지 사랑받지 못한다.

타인의 목숨을 인용하는 날. 거리 속으로 사라질 것이다. 지는 꽃들 사이로.

28

어떤 날, 신들이 미웠고 하늘에서 쏟아지는 비에 감사했다. 그들은 요람으로 추락하고 있다. 의미로 가득한 어떤 덩어리. 보이지 않는 것이 죽도록 싫다. 눈과 마음으로 담는 게 무척이나 어렵다.

나의 눈을 보려면 거울을 봐야 한다. 거울이 없다면 나는 이 세상에 존재하지 않는가. 내가 실종된 세상이야말로 아름다운 세상이 된다.

고통으로 가득한 오후. 괴로운 기분은 화분에 필요 이상으로 주는 물처럼 몸속에 절여진다.

29

조용히 죽어간다. 수도 없이 끝이 날 작은 죽음.

30

떠나온 사람은 강물처럼 흘러간다. 가려운 것은 흘러넘치는 그리움과 몸 위로 쓰일 상처들.

31

태어난 이유로 축하받는 것. 당신은 축복받아 마땅합니다.

미소를 띤 당신의 목소리가 들려옵니다.

이유 없이 떠밀렸던 순간들. 얼마나 외로웠을까. 가끔은 바람을 마음만으로도 움직일 수 있습니다.

당신을 향한 축복은 빗나가지 않았습니다.

실체가 없는 사랑은 영원과 얽매여 실현되기도 하니까요.

32

부러진 내면은 약이 없다.

다만 영면에 들기를.

33

    간단한 단어를 적으니 그 뒤로 아무런 글도 쓸 수가 없었다. 모든 글과 영상은 내 안에서 다시 번역되었다. 감정을 다루는 일이 세상에서 제일 쓸모없다던 한 사람의 말을 나는 귀담아듣지 않았다.

    현실을 마주하는 것은 내면에서 두 종류의 대처 방법을 만든다. 도피하는 것과 인정하는 것. 아무것도 하지 않을 수가 없으니 두 가지 모습을 모두 사용하는 것이다.

    감정의 의외성은 사람을 진실하게 변모시킨다. 하지만 사랑을 수반한 감정은 의외성을 종결시키기도 하는 것 같다. 그리고 서사와 사유를 모르는 사람은 차가운 백지처럼 보일 때가 있다.

    간단한 사랑을 해보니 그 뒤로 아무런 사랑을 할 수가 없었다. 모든 예술과 자연은 밖에만 존재했다. 감정을 다루는 일이 세상에서 제일 쓸모없다던 한 사람의 말에 나는 조금씩 끄덕이기만 했다.

하는 수 없이 사랑이라고만 적는다.

34

어쩌면 사람은 식어버린 빵이 아닐까
손에 남은 가루들
털어내면
아무것도 없는 것처럼

35

"
나 하늘로 돌아가리라,
아름다운 이 세상 소풍 끝내는 날,
가서, 아름다웠더라고 말하리라.
"

천상병 - 귀천(歸天) 中

포개어 잊힌 계절은 잘 지내는가. 미련 없이 떠나고 싶지만,
천상병 시인과는 다르게 그럴 수가 없구나.

36

가슴을 갈라 마음을 보여주고 싶어도 표현하지 않으면 실체가 없습니다. 엉망이 되어가는 것만 같습니다. 좋아한다, 사랑한다고 명징하게 말할 수는 없는 걸까요. 결국 당신에게 넘겨준 문장은 자격을 운운하는 자기연민의 파장 같은 것이었지요. 어째서인지 달이 분명하게 보이는 특수한 공원처럼 당신의 눈에는 악의가 전혀 없었습니다.

저는 사랑이라는 과목에 유독 무능하고 약하기만 합니다.

37

쉽게 변하지 않는 것은 그저 우연이 되어버린 아픈 기억이겠지요. 우리의 사랑으로 얼굴을 쓰다듬습니다. 앞으로도 당신과 나의 첫사랑은 변하지 않겠지요.

꺾이지 않는 계절은 불쾌하고도 쌀쌀합니다. 늘상 하던 자기변호는 사랑의 민낯을 가린 것과 같습니다. 기다린 만큼 사랑은 애절한 눈빛을 가지고 있습니다.

38

저는 왜 늘 자신에게 눅눅한 박스 같은 감정을 선사했던 걸까요. 몸을 떨며 보고 싶은 사람을 생각해봅니다. 어느새 작아진 것들. 모른다는 것은 분명합니다. 실패하기에 인생은 너무나 짧습니다. 취향은 점점 난해해집니다. 먼 곳에서 존재하는 기억은 저를 살해하고 다시 태어나게 합니다.

저의 눈에서 더러운 물감이 흐르고 빛나 보이는 불만을 쫓을 때 비로소 벌레가 됩니다. 태어나 한 번을 사람 구실 하지 못하고 친구를 모두 잃기도 할 때, 누군가는 제가 다시 한번 죽어버린 것처럼 이야기합니다. 저는 다시 죽으며 생각합니다. 여태껏 부여된 저의 감정과 입 밖으로 내뱉은 문장과 단어는 아무런 의미가 없어지는 것일까요.

저의 죽음으로(사람을 움직인다면), 저에게로 오는 기대들을 다시 만들 수 있을까요.

39

과거를 향해 다시 돌아가는 방식은 택시를 타든 버스를 타든 자전거를 타든 모두 같습니다. 걷는 행위는 감정을 위한 토닥임으로 볼 수도 있습니다. 불어난 시간의 차이를 두고 우리는 미련이라 부릅니다.

아직도 살아 숨 쉬는 당신의 빈 눈동자가 매듭이 되어 나의 목을 잡았고, 꿈같은 시간들이 태어납니다.

빈 열차는 달리는 의미가 없을까요. 텅 빈 저의 과거는 전혀 의미가 없던 것일까요.

하염없이 질문만 늘어갑니다.

저의 머리 위로 당신을 입었던 저를 붙잡고 울겠습니다. 하지만 덜컥 겁이 나서 똑바로 서 있는 화분에 물을 주는 척하겠지요.

당신을 닮은 목소리만으로도 저의 위로 당신이 입혀지는 것처럼 겹겹이 쌓이는 저를 모르는 척해주세요.

40

공기를 껴안고, 다듬지 못한 마음을 전시하고, 고민들을 삼키고.

나는 당신이 두렵다. 나는 내가 두렵다. 당신은 내가 두려울까? 당신은 당신이 두려울까. 어쩌면 당신들은 모두가 두려울까?

실패를 녹여 남는 것은 슬픔이다. 슬픔과 실패 사이는 긴 시가 있다. 정말 긴 시가 존재한다. 당신을 태워 남는 것은 세월이다. 당신과 세월 사이에는 사소한 문장이 존재한다. 정말 사소한 문장이 존재할까.

나는,
다시 한번 당신을 오래도록 발음하고 싶다.

비

사람의 눈이 때로는 무척이나 두렵습니다. 눈의 언어는 해석하기 나름이니까요. 사람들은 어디로 가는지 도무지 모르겠습니다. 말과 행동은 그 사람의 정신세계를 완전히 대변할 수는 있는 걸까요. 앞질러 간 사람들의 뒷모습만 보입니다. 얼굴이 어떻게 생겼는지 가물가물합니다. 혈액처럼 금방 굳어버린 사람들은 짙은 냄새만 남기고 사라졌습니다.

미리 날씨를 알고 대비할 수 있는 것처럼, 만나는 사람을 미리 알고 대비를 할 수 있다면 우리는 상처를 덜 받을 수 있을까요.

오히려 만남에 대한 면역이 약해질 거라고 생각합니다. 미리 안다면 관계의 남용도 클 테고 상처의 기준치는 점점 높아지겠지요.

관계는 계절 같습니다. 매년 바뀌고 오는 것을 알다가도 작년 겨울 같은 느낌의 겨울은 절대로 오지 않는 것처럼요. 녹아가는 눈과 사람의 식어가는 눈은 점점 닮아 보입니다.

오늘 오후도 계절이 바뀌어 가네요.

42

당신은 움직이는 봄이다.

43

아이가 눈사람을 서랍에 넣어 아껴보려 하다 다음날 아무것도 남지 않은 것처럼

순수한 아름다움은 내용이 허무하다.

아름다운 추억이 그렇다.

44

펜 끝에서 아이가 태어나는 것처럼 살아갈 수는 없을까. 잘 지내는 것을 부화시킬 수만 있다면 초조할 필요는 없겠지.

검은 바다의 노래를 들으면 유리그릇이 바다와 충돌하며 파편이 사방으로 튀는 듯하다, 그렇게 마음도 사방으로 튀는 것 같다.

물속에서 추억을 건진다. 위태로운 나에게 미지근한 사랑도 크게 발화할 수가 있지만, 이렇게 축축하게 젖어있어서는 정확해질 수가 없다. 이럴 때는 모두 나의 옆에서 잠시만 떨어져 주기를.

사려 깊은 것은 정확하게 보는 시야를 가진 후에야 준비할 수 있는 게 아닐까.

45

 이따금 박탈감으로 가득해진다. 차가운 하늘을 보면서 눈동자를 굴리면 장마처럼 오는 기분을 잠시나마 휘두를 수 있다.

 우리가 그려온 것은 곡선도 직선도 아닌 점입니다. 점이 커지듯 한 방향, 한 곳으로 여러 번씩 찍힌 점. 현미경으로 봐야지만, 그림으로 보이는 그런 작은 점. 그런 점끼리 서로에게 도달하기는 진심으로 어렵습니다.

 머무는 시간이 순간적이라면 되도록 많은 점을 만들다 떠나려 합니다.

46

　내가 당신의 그림자를 밟지 않는 이유는 당신을 무척이나 사랑하기 때문이야.

　그리고 내가 늦게나마 울어대는 것은 초침과 분침이 겹쳐지듯 짙어진 미련이 정확한 마음과 만났기 때문이야.

47

나는 이제 나를 떠날 수 없게 되었다.

오래 생각하다 보니 늙어버린 기분이다.

적막은 진심을 말할 때 꼭 필요한 호흡이다.

깨져버린 마음을 다시 조립하는 것은 정말 오래 걸린다.

형편없이 느껴지는 내가 언젠가 누군가에게는 꼭 필요한 사람이 될 수 있을까.

48

높은 곳은 위험하다.

별처럼 빛나는 사람이 되고 싶었다.

그런 마음을 먹은 것은 5살 정도의 나였다.

높은 곳은 위험하다.

이제 별이 빛나 보이는 건 이곳은 위험하니 오지 말라는 것처럼 보인다.

그런 마음을 먹은 것은 28살 정도의 나였다.

높은 곳은 위험하다. 그래도 높은 곳으로 가고 싶다. 의식하는 곳 그보다 위로.

도전하는 사람은 빛이 있다.

도전도 해보고 실패도 해보았다.

빛이 사라진 걸까.

충고도 못 해주는 몸만 늙은 어른으로 성장하고 있는 걸까.

설령 그렇다 해도.

이제는 그런 사실과 마주하며 미소 지을 것이다.

다정한 말 한마디가 꽃처럼 피어날 때를 기다릴 것이다.

별빛과는 또 다른, 아름다운 빛을 앞으로도 꾸준히 찾아다닐 것이다.

49

　어떤 것 덕분에 마음이 괜찮아진 것이 아닙니다. 조금씩 일상 속에 쌓아서 유지하는 것 같습니다. 운동을 해서 근육을 키우는 것처럼 좋은 생각들도 조금씩 키워나가고 있습니다. 울적한 기분을 이겨내는 것은 단순한 일 같지만, 생각보다 상당한 기력을 요구합니다. 다른 방식으로 살아온 사람들 사이에서 살아가는 것이 어렵게만 느껴져 많은 관계를 떠났고 떠나보냈지요. 다 같은 사람이라면 통하는 게 있다는 생각을 버려야 합니다. 사람은 모두 제각기 사연이 있으며 각자가 다른 방식으로 특별한 사람입니다. 전에는 많이 아파본 사람이 지금 아픈 사람에게 해줄 수 있는 게 많은 줄 알았습니다. 하지만 다른 사건으로 아픔이 시작되었기에 완전한 이해나 정확한 처방을 할 수가 없지요. 사람은 의심과 존중, 그 사이로 시작되어 깊어지기도 하고 옅어지기도 하고 완벽한 적이 되기도 합니다. 저는 이런 세상이 무섭습니다. 하지만, 존중의 끝은 무사합니다. 깊어진 슬픔에서 배움을 얻기도 합니다. 퇴화한 행복에서 본인의 그릇을 깨닫기도 합니다. 사람들의 표정을 보며 기운을 내보기도 하는 요즘. 살아가는 게 그리 힘든 것은 아니지 않을까 생각합니다. 하루빨리 좋은 사람이 되기를 희망합니다. 제가 가진 어두운 감정은 세탁물이 아닌 세탁기였을지도 모르겠습니다. 어두운 감정 덕분에 밝은 감정에 더 민감해졌지요. 모두가 아픈 사람일 수도 있다는 요즘 시대지만, 아픔의 끝자락에서 희망이 맺히면 좋겠습니다.

50

아름다운 세상으로부터 -

아름다운 세상으로부터 —

"시간과 공간을 지나 아름다운 영혼들 사이로"

시

생활 지침

　나는 내일 죽을 것이다. 이것은 진실이 아님을 안다. 애써 아름다움으로부터 멀어지려 한다. 나의 시신은 누군가에게 수습될 것이다. 이것은 거짓이 아님을 안다. 나 또한 벌거벗은 채로 왜곡되어왔으니 두 눈이 뽑혀도 나는 나의 출생을 알고 있다. 신임이 두터운 기록은 육체인가 영혼인가. 나의 사망은 평생토록 모를 것이며 꺼져버린 불빛과 비슷하게 발음된다. 나는 파쇄된 종이에 억지로 써넣은 알아볼 수 없는 글씨이자 형체 없는 언어다. 아, 질리도록 창피한 실종. 알 수 없는 경계. 부질없는 자유는 꼭 폐기해달라 소리쳤다. 나는 여실히 해부될 것이다. 이것은 거짓이 아님을 안다. 먹다 버린 살점 같은 저열한 성공담. 나의 문장은 누군가에게 전달될 것이다. 이것은 진실이 아님을 안다. 기록 또한 새롭게 태어나기 위함이니 두 팔이 잘려도 나는 나의 목격을 알고 있다. 나는 언제고 죽을 것이다. 이것은 진실이다.

벽

　벽을 헤집었다. 삼백육십오 개의 벽돌. 하나씩 단어를 붙여주었다. 또렷하게 기억해 내야 한다. 그래야 아름다운 문장이 될 테니까. 머릿속에 커다란 달이 떠 있다. 아무도 눈치채지 못하게 머리칼을 길렀다. 언젠가 땅에 묻힐 죽은 의미. 사람마다 하늘의 높이가 다르듯 죽음의 길이도 절대적으로 달랐다. 시간이 흐르는 소리는 무엇일까. 짙은 침묵으로 가득한 곳. 공간이 만들어준 옷을 입었다. 입안에 가득한 매캐한 안개. 아무것도 모른 채 다른 것과 같다고 생각하는 것. 우린 생각의 모형을 자주 만들었다. 준비를 위한 자해. 자해를 위한 준비. 달가운 것은 캄캄한 밤의 유일한 빛. 축배는 안녕의 모양이었다. 과거와의 작별은 답습과 함께 소매 끝에 존재했다. 어쩌면 숨의 자락. 내일을 살게 하는 아주 작은 입자들. 우리의 잿더미는 푹신하니까 심의를 통과한 문장이 될 텐데. 차곡히 연결된 벽은 언뜻 보면 사막이다. 우리는 모르는 사이였는데. 서로 뿌리가 보이지 않아서 견디는 것처럼 보였을 뿐인데. 애당초 처음과 끝은 땅속에 있을지도 모른다. 수치화된 땅은 전부 우리 안에 있는 것처럼.

이야기

어떤 이야기가 있다. 이를테면 유리창 너머를 응시하는 너의 눈을 바라보는 나의 이야기. 나는 너에게 늘 슬픔을 준다. 언젠가 우리를 깊게 변화시킬 수 있는 것. 살아 있다는 이야기와 사랑을 이어갈 수 있다는 이야기. 있잖아, 우리가 쫓아낸 울음은 언젠가 돌아온다고 하더라도 나를 기억해줘. 벽에 새기는 숨처럼 하나가 되어가는 이야기. 망각의 망각. 미리 있는 마음을 해석해야 한다. 종종 다른 색깔의 눈빛으로 하늘을 바라보는 것. 이야기가 겹쳐지는 이야기. 하나의 이야기는 우리가 되고 우리는 너와 내가 된다. 기억은 흑백이 되어가는가. 빗금이 일렁이는 너의 눈. 잊혀야 하는 나는 그림자의 표정이 된다. 점이 쌓인 바다가 보여. 우리를 품던 다양한 물결 속에서 서서히 이야기를 잃어갔다. 내내 재생되고 분실되어 마지막은 이야기를 또 탄생시킬 것이다. 이야기는 누구의 것이 아니다. 그리고 특별한 이야기는 없다.

재생

　한번 멈췄던 이야기는 오랫동안 하나의 육체로 살아온 기억을 의심한다 목 끝까지 가득 찬 불안이 상실되도록 가을의 밤은 중얼거림으로 가득하다 빛을 잃은 잎의 형체는 바람결에 이동하여 사각거리는 낙엽의 생각이 되었으니

　상상 속 계절감이 목젖을 적신다 지난날은 표정 없이 흩어지고 흘러가고 강 위에 비친 꿈 위로 목숨과 목숨이 부딪힌다 갓 태어난 아이의 울음소리 피 냄새와 뒤섞인 잉크 냄새 오래된 것은 왜 침묵하고 있는 걸까 입술의 태동을

　원하고 또 원하다 아득한 밤 입김이 나오기 시작할 때 그 끝에서 과거가 깜빡인다 삼십 년 전 나는 없고 젊은 부부가 사랑을 말했을 텐데 생명줄은 언제나 딱딱하게 있으니 삼 초 전에 나는 막 태어나고 조금 늙어진다 가깝고도 먼

　나날의 숨들 살아있는 증명의 말마따나 진실은 영혼이 호흡할 때나 튀어나오는 것 쏟아지는 눈물을 모두 머리맡에 던진다

화가 없는 싸움으로 너무도 흔한 생명이 떠나고 그들의 젖은 얼굴은 정확히 보기가 힘들다 공중에 걸린

　이상한 평화로부터 차양을 만든다 영혼이 가진 무늬는 유리의 품속에서 수없이 뒤바뀔 수 있는 걸까 목숨이 달린 시간의 난간을 목전에 두고 뒷걸음질 친다 주마등을 위해서 육체는 정지한다면 그들은 영원을 두려워하니

　영원으로 영원히 사라지기를

버려진 바다

움직이는 슬픔에 대한 우리의 어설픈 심포지엄

절망을 씹어 내면 이런 맛이 날까

태연하게 실패를 끌어안는다

병력을 품어낸 일종의 합의 서류

청춘은 돌아갈 수 없는 폐허이니

우리는 우리가 필요한 이유에 얼굴을 구긴다

간신히 입술을 열어 증명할 수 있을까

한낱 엄살 같은 기록이 비집고 들어갈 테니

아무도 가르쳐 주지 않아 매장된 울음

바닥의 문양으로부터 발굴된 죽음

피부가 된 진실은 매사 긴장한다

내용보다 제목이 중요했기에

내일이 담긴 상자를 끝으로 평안하기를

각자에게 띄워 보낸다

버려진 바다는 우리의 눈물일 테니

얼어붙은 세상*

생명의 투명한 시선이 빗금이 되어 추락 중이다

눈동자에 새겨진 장면의 뉘앙스

당신이 세상을 등지는 이유는 만연하다

무색의 향으로 살아왔던 것

검은 잉크를 뚝뚝 흘리며 당신과 대화를 나눈다

놓지 못하는 당신의 손

…

사랑한다, 사랑한다

쓰러질지도 몰라

빠져나갈 수 있을까

…

여긴 기어이 되살아나는 한숨이 유효한 설원이다

눈 위에서 생을 말할 테니

우리는 펄펄 끓는 체온을 챙겨둔다

유기된 빈약한 계절

투명한 입속을 가로질러 가야 한다

복사되듯 퍼지는 경사면

미끄러지듯 부탁이 간다

우리가 절망에 더한 것

잘게 부서진 시야

우리의 영혼 같은 것이 떠돈다

…

당신은 머리에 묻은 헝클어진 문장을 수집했다

나는 속을 알 수 없는 부스러기를 털어냈다

…

우리는 그대로 쓰러졌다

창(窓)

뒤섞인 기억 속 형체를 설명할 수 있을까

머리 위로 짙은 외면이 덮친다

실내의 실내에서 동그랗게 모인 말은 선택적으로 분산된다

침묵으로 기억을 덮고 당신이 말할 때 서서히 병든 곳

날이 밝으면 덜 뜨여진 눈으로 천장을 바라본다

빛의 갖가지 장식

당신과 나는 오래도록 구조를 기다린다

포기로 가는 길은 그리 멀지 않다만

빛을 모으며 철저하게 밝아질 것이다

당신을 닮은 아름다운 창憩을 만들게요

위태로운 재료
오므라진 기억

변형된 그늘 밑
양손 가득한 빛의 파편

안쪽으로부터 쭉 뻗은 빛

애타게 당신을 비추고 있다

이런 날

그러니까, 몸이 젖은 채 시커먼 하늘을 보고 있었습니다. 생전 숨기 위해 살고 있더군요. 피 같은 당신의 마음을 수혈하는 것. 저는 여러 번 죽습니다. 뒤틀린 갈증을 낳는 바닥이 되어갑니다. 영원히 헤어진다는 일종의 구분. 이미 떨어진 빗방울은 흐르지 못하니까 한 방향으로 젖었던 우리의 몸은 금방 마를 겁니다. 잘려 나간 재회의 맨 앞에 있는 당신은 가장 쓸쓸했기에. 조금은 더 날카로운 말이 되어 우리의 문장은 태어나자마자 죽어갑니다.

눈부신 끝은 꼭 죽음일는지……

혈관의 비명은 슬픔으로 꽉 틀어막힌 이름의 발음입니다

이미 사라진 당신을 바라봅니다. 당신의 신호를 받아내기는커녕 귀에 담아내지도 못했으니. 실재하려는 버릇은 쥐어뜯어 버리라고 연신 같은 말을 합니다. 그래요, 우리는 기적적으로 언어가 있습니다.

저는 무엇에게서 벗어나야 합니까?

당신은 비에 젖어 돌아오지 못했습니다. 우리의 진실은 진실인가요. 그곳의 진실은 허구와 허구 사이에서 탄생합니다. 혼자서 진실을 비교할 수 있나요. 침묵으로부터 감전당한 채 한없이 모릅니다. 타살이 간섭한 해방. 힘이 잔뜩 들어간 우리는 실체가 있을까요.

비로도 멍들 수 있다는 것은 우리가 이런 날도 분명 살아있다는 이야기입니다

애도

창틈으로 빛이 샌다. 드러난 얼굴은 후회가 있고. 눈썹 사이 사이에 어둠이 있고. 머리를 향해 계단이 있고. 양초를 집으면 광활한 슬픔이 있다. 아름답게 텅 빈. 흐릿한 음성이 들린다. 깊이 찢어진 여기.

당신의
하얗고 긴
잘린 손톱

당신이
기다리던
살짝 핀 동백꽃

비명을 당신으로 적다가 당신을 꿈으로 적다가 끝없이 당신을 적다가 닿을 수 없어서

편지 위로

비치는 울음

나는 여전히 웅크린 모양이다

오려낸 물방울
쌓이는 모래알

누군가 있어도 빈집이 되는 것. 숨을 쉬고 싶지 않다. 행위의 이유를 만드는 것. 어떤 상징이 되어 간다. 아마 당신과의 약속. 나의 밤하늘은 연신 탄생할 것이다. 수많은 별빛 아래에서.

조심스럽게 당신의 이름과 담아낸 빛다발
무르익은 이별은 쉬이 끝나지 않으니

당신은 오늘도 왔다가 간다

희망의 진통

　이젠 나눌 수 없는 당신의 가닥은 딱딱한 잔상이 될 것을. 안간힘으로 축소한 결말. 그만두는 것을 그만두는 것. 한가득 비틀린 것을 주머니에 넣었다. 길게 늘어진 기억, 그것의 뒤통수. 빛이 아니라 조금씩 긁어낸 환한 것.

　"당신의 손을 붙잡았었지."

　알 수 없던 언어의 고백. 나는 당신을 조금씩 떠나온 것이다. 반복되는 흐느낌. 끊어진 힘줄 같은 모습으로 나풀거렸다. 잡았다 놓치는 공명의 진술. 결국 당신과 함께 한 모든 순간이 그립다. 줄곧 찾던 벗겨진 진심.

　"당신의 시절은 겨우 여기 있어."

　거울을 통해야만 볼 수 있는 것. 이해의 흔적은 슬픔으로 가득해서 더없이 아름다웠다. 당신과 함께 맞서던 밤. 기필코 다행스러웠다. 삶이 녹는 속도를 따라갈 수 없듯이 겪어본들 따라갈 수 없는 달리기였으니.

고통으로 수놓았던 이별, 그 너머로 가려간다.

꿈은 겨우 말했다

권태로 점철된 어느 꿈 이야기
굴절된 희망이 심어진다

머리빗질을 싫어하지만, 마음의 모양에게 간간이 빗질을 시도한다.

우중충하게 보이는 깊은 영혼의 파도

생각을 시도하면, 흐릿해지는 시야. 도달할 수 없는 생각은 홧김에 마시는 술이다. 병든 심연의 소리는 바코드 없는 편의점이다. 하찮은 턱으로 이상한 용기를 짖고 나면 낡아빠진 허수아비의 배설처럼 한없이 부끄러워지는 것이다.

사악한 자기만족

"당신은 유난스럽지요."

당신도 나도 내 안에서 죽어, 죽으라고
속삭이면 더는 아무런 말도 소리칠 수가 없다
비명을 술처럼 삼켜내면 음주보다 더 독하게 취한다

시대를 관통한 슬픔의 신은 부끄러워하며
내 안에서
유언 없이
…

거봐요. 마음이 가난한 것은 들키기 쉽지요?

슬픔이 창문을 치고
일부러 사라지던 밤

나는 없는 고통에 영원히 배가 부를 것이다

회복의 넝마

언니가 한 줌의 재로 변했다. 그러게 언니, 내가 말했잖아 내 옷 입지 말라고. 꽁꽁 숨겨둔 구식 핸드폰에서 통화음이 울렸다.

언니 옷장에는 내가 좋아하는 옷이 한가득
선물로 받은 립스틱과 언젠가 중고로 산 명품 가방
거울 위 언니랑 같이 찍은 사진

내 키가 점점 작아지고 있어. 서랍 속 일기가 병마가 되어 발등으로 떨어져 내렸다.

누가 전화를 한 거지?
가습기는 왜 자꾸 틀어 놓는 거야?
시야가 뿌옇게, 뿌옇게

언니, 언니가 사라졌으니까 지난번 그 남자처럼 이번 남자도 냉장고에 넣어야 할까?

서른 개의 계단으로 이루어진 그곳

나는 이미 교정 받은 적이 있잖아, 그래서 아직도 언니를 세상에 심고 있어.

가지런해진 치아가 벌어졌다.

몇 없는 언니의 옷가지가 뚝뚝 떨어졌다.

"언니는 여전히 한 줌이니까, 째각거리는 시계 속으로 언니를 던져 넣을게."

그대와 빛과 불안의 증명

그대의 곁에 살랑거리는 망각.
나누던 별빛은 흔적이 되어 지면으로 떨어진다.
어루만져지는 잔향, 한가롭게 질식할 수 있을까?

알고 있던 활자가 구부정히…

독립의 시각
그대의 날개

온전히 바라볼 수 없는 빛이 여러 갈래로 몸을 감싼다.
우아한 곡선은 매번 아름답게 매듭을 짓는다.

조금 더 많이 떠났으니
풀린 눈의 사랑이란 것

창백한 환상으로부터 그대를 지켜주기를, 아마도 손이 닿도록
나 말고 그대를, 나 말고..

이제 그만 죽어도 된다는 말
우린 믿지 않겠지만
사인을 오려 놓고서
이야기를 종일 품고서

단연 내가 웃는 이유는 그대여라.

고백을 위한 고백으로
얼룩덜룩한 죄책감

뽑아둔 혀가 목소리를 나눠준다면 미련의 살점을 뜯어내리라.

나
그대
뻔하게도
그래, 그렇게도

하루치 불안이 빛이 되기를.

미래가 되려 했던 순간에게

끝까지 포기하지 못했던 것은 머리끝까지 접착되어버린 불안의 찌꺼기 탓이다. 나뭇잎에 떨어질 때 무척이나 고요한 것은 바닥을 향할 때는 아무도 없기 때문이다. 매번 보던 클리셰스러운 내용에 눈물이 나는 것은 고도로 훈련된 자기 연민이 내 안에 있어서이다.

반복되는 단어와 문장으로 생각을 적어내는 건 발전 없이 존재하는 삶의 태도가 볼품없음을 여지없이 느낄 수가 있다.

"불안을 손으로 쥔 적도 없는데 나의 무기가 되었어."

나는 매일 가던 곳만 다닌다. 여행을 바라지만, 노력하지 않는다.

나는 매번 나를 적으로 돌린다. 위로를 바라지만, 동정을 받는다.

흙을 털어내도 흙 내음이 남는다. 납득할 수 없는 꿈같다.

내가 죽음과 연결되어 있음을 인정하다 부정하다 인정하다 부정한다. 잘게 부서지는 파도와 비명처럼 존재를 각인 받는다.

자유롭게 사는 것은 그만큼 사유와 책임이 잇따른다. 남들이 인정할 만큼 불행하지 않았다. 하지만 밑그림을 모두 그린 채 색깔을 칠하지도 않았다. 그렇게 나의 반쪽자리 자유는 끝내 자유로 인정받지 못할 것이다.

서사를 꾸밀 수가 없으니 거짓말하지 않겠다. 비겁하게 타인을 뒤에서 비난하지 않겠다.

나의 무용은 태어날 때 멈췄으니 펜을 들어 당신에게 전하려 한다.

미래가 되지 못했던 모든 순간
그때의 향기, 장면, 호흡
밤이 넘어가는 새벽녘의 태동
덧칠을 반복하던 표정 속에서 당신은 무엇을 꿈꾸었나
정리되지 않은 머리를 만지며
잘 넘어가지 않는 숨을 삼키며
과거의 과거를 추억하지는 않았나

생의 일렬은 닦아낼 수 없으니

반증 없이 마감되는 이야기의 끝마침이다

말없이 돌고 돌아 당신과 나는…

아무런 형체 없이 줄곧 마주할 것이다

꿈 없는 곳

꿈을 공유하는 것으로 유대를 성립할 수 있다는 말을 했지. 한동안 꿈속의 계절은 겨울이었어. 혀를 내밀어 눈송이를 먹는 게 부끄러웠지. 나, 요즘 현실보다 꿈으로부터 상처를 더 받고 있어.

사람을 믿지 않는 발자국 위로 발자국을 내며 걸었어

너는 반투명한 흰빛처럼 웃었지
눈길에 그 표정이 반사될 때
꿈속인데도 눈이 부셨어

시작이 시작을 다 할 때까지 잊어버릴 수 있을까. 울음은 따뜻해. 너와 나의 모양으로 입을 만들고 가장 딱딱할 때 산산이 부서지며 떠나갔지. 그렇기에 영원히 너를 부를 수 없는 걸까?

삶은 소용없이 너를 놓아주었다

가차없는 발걸음에 맥박이 집요해지면

기억이 구부러지지 않게 계속해서 걸었다

가끔씩 나타나는 사람에게 너를 이야기하며 버티고 있어. 꿈보다 더 슬픈 현실은 출구의 얼굴이었지. 깊은 잠에 빠진 채 사람을 가득 담은 사랑을 받고도 너를.

찾았다 그리고 다시 걸었다

당신은 흉기없이 나를 찔렀다

방 안의 작은 이별 그리고
축축한 농담을 본다

마음이 마음을 비집고 나타나 뺨에 흐르는 눈물을 닦아주었다

잠시 왔다간 수분의 꼬리가
당신의 궤도에 잠시 머무른다

가지런한 발음이 파괴되어 흩어지며 몸속으로 파고들었다

우리가 다정하게 무너진 이유를 찾는 중이다만, 망가진 눈동자가 고작 몸을 수색할 뿐이다

당신의 멸종은 발굴되기 전이니
결코 그리움이라 말하지 않는다

죽어도 죽지 않는 흔적

우리의 깃이 넓은 시간으로 옮겨지기를

당신의 마지막은 끝내 아무것도 움직이지 못했다

흐느끼고
휘어지는
무한의 공기

안쪽의 흐릿한 공간을 한 삽 퍼올린다

느껴본 적 없던
슬픔의 심장

돌아선 나는
이번 해의 살아 있다는 거짓말

흔들리는 여름이 잘려나갔다

저 멀리 애틋함이 사라지고 있다

점유할 수 없는 슬픔

평온이 얼마나 어려운 일인지, 검붉어지는 세상과의 간격. 이제 더는 발 디딜 곳이 없을 때 의아한 사유는 온다.

저는 속이 좁아 잘 지내라는 말도 꼬아서 듣습니다
이따금 의도 없이 친절이 사라지기도 하니까요

비명을
묶어두고
본다

다른 이가 보이는 거울
잔잔한 새벽의 얼굴

고통을 눈에 기워놓는 것
녹슨 혈관을 움켜쥔다
불면의 자락
엉기던 숨

잔잔하게 수상함이 번진다

아무것도 털어낼 게 없다

안도감이 발갛게 충혈된다. 영원한 시간이 이곳을 스치면 조금이나마 흐트러질까. 부주의하게 단념을 말하던 살아냄의 형식들.

위로의 기분은
문장과 표정의 궤적을 따라
겹쳐지기를 기다린다

온전하게 가질 수 없더라도 잘 돌봐주실 수 있을는지…

쏟아지는 아름다움

　더 이상 수정할 수 없는 문장을 들여다본다. 걱정거리의 모양은 아픔의 형식. 흉터로 가득한 숨소리 속 영원한 망설임. 비밀 이야기는 눈으로 해야 하잖아. 속내는 점점 커지니까. 슬픔을 모르는 당신과 바다를 보는 것과 거짓말을 하는 당신을 거울처럼 보는 것 중 뭐가 더 나은 건지. 그저 생각의 이유가 당신이라서.

　마주한 적도 없는데 사랑에 빠질까 봐

　그렇게 큰 눈동자는
　아무 직업이나 잘 어울린다고
　어린아이의 음악 취향처럼
　마음에 갇힌 문장의 손을 잡고
　한 방울씩 비밀이 새고 있어

　어쩌면 슬퍼 보이기도 하는 장면
　아마 세상에서 당신만 영혼을 가지고 있는 것 같아서

후회하는 이유는
내일마저
괴물이 되고 싶지 않아서

전생의 하늘도 파랗고 높았을까
헷갈리는 기억은 불안의 재료가 되어

이런 반복을 이해할 수 있을까

시간의 기척으로
뒤범벅이 되면
조건적 괴물이 된다

가장 비겁한 사람이 되는 건 어려운 일이 아니야. 여러 번 서서 죽다 보면 잊는 법과 아끼는 법을 알게 되니까. 끝내기 아쉬운 사람만 이름을 꾹 누른다. 제대로 된 치장은 영원히 사라지는 것. 크게 조용히 있다 작게 시끄러워지고 싶다. 감정은 절대로 공평할 수가 없어.

오래도록 찢어진 망각은 밖에서 영원히 투명하다

답장 대신 표정이 오고 가고
끈적거리는 삶을 끌어안고

희망이 내쉬는 숨
무엇인가 알 거 같은 얼굴

없이

그럴싸하게 썩혀 둘 것이다

아, 볼품없는 나의 선생님 나의
쓸모와 유사한 것이 손상되어

죽은 죽음의 행렬

당신의 어깨는 내가 만든 것이다. 당신의 진실은 내가 만든 것이다. 당신을 보는 나는 내가 만든 것이다. 나를 보는 당신은 내가 만든 것이다. 당신의 불행은 내가 만든 것이다. 당신이라는 계절도,

머무른 삶의 태동

당신과 나의 시력의 마침표
간절하게 반짝이고

싶은

우리가 별에게 눈이 멀게 된 이야기

어느 투명한 새벽 당신이 내가 되고 내가 당신이 되어 비소로

그것이 쏟아지는 아름다움이라고.

후문

나는 명백한 비명이었다.

　새벽과 밤에게는 왜 슬픔이 내재되어 있을까가 이 책의 출발점이었다. 밤의 불빛을 바라보며 초라해졌지만 그 무언의 밤을 기대하는 것. 그건 밤에 먹혀있던 건 아닐까? 밤이 가지는 특별한 감성을 좋아한다. 하지만 그 바다에 빠져 허우적거리다 보면 다소 우울감에 휩싸여 진정하기 힘들 때가 더러 있었다. 너무 자주 그러다 보니 그러한 밤이 다소 하찮아졌으면 했었다. 이 책 속에는 나의 유년의 경험담, 시대를 비관하는 태도, 나서지 못하는 방관의 반성 등 생각으로 얼룩진 새벽과 밤에 대해 뿌려놓았다. 이 감정이나 태도들은 전부 답이 아니며 그렇다고 질문도 아니다. 이 책을 접한 사람들에게 다만 부탁하는 것은 당신이 그동안 살아온 모든 것을 절대부정하지 말라는 말이다. 당신이 보는 세상은 당신만의 것이다. 그 단단하고 아름다운 필터로 문장을 보았을 때 저자의 의도를 파악하거나 해석하려 하지 말았으면 좋겠다. 그 감상은 세상에 유일한 당신만의 것이며 존중받아 마땅하다. 이번 책을 만들면서 생각한 게 있다. 슬픔을 나열하는 짓은 그만하자. 내 안의 우울을 죽여버리자. 에세이 '존재의 부산물'을 내면서는 확신이 없었다. 이번 책은 확신과 조금은 다르다. 타인의 슬픔을 온전히 이해할 수 없다면 꼭 곁에 붙어서 시간을 내어주자는 것은 나의 가치관 중 하나였다. 그 가치관을 내게 적용했던 것 같다. 나 자신에게 있어 뭐가 중요한지. 어떤 이유로 시간을 보내고 있는지. 사유했다. 그렇다만, 답이 나오질 않았다. 무지한 내가 계속 이렇게 조금씩 나아지고 있다며 책을 냈다만, 그것 또한 찢어지는 종이였다. 비록 찢어지는 인생이라도 부끄러움을 인지하고 조금씩 나아지고 있다면 다행인 걸까. 다시 또 생각에 잠겼다. 우울한 단면도 사랑할 수 있다고 은연중에 말하고 있던 것은 아니었을까. 칙칙한 검은 잉크 같은 삶이었다. 구름의 조각을 모아 내 안에 담아 두었다. 문득 드는 생각은 요즘 시대는 멀리 떠나지 않아도 많은 것을 느끼고 배울 수 있다고 생각한다. 굳이 떠나지 않아도 배울 수 있는 삶. 하지만 낭만을 가지기에 너그럽지 않았던 나의 삶. 우울증에 시달렸던 그런 삶. 그리 길지도 짧지도 않지만 주변에 좋은 사람들이 있다는 것을 인지하는 순간 극복할 수 있는 단계였던 것 같다. 그리고 깊은 우울감에 일상이 무너지는 사람들에게 전해주고 싶다. 서로에게 일말의 영향을 주고받을 수 있다면 숨을 나눌 수 있는 시간이 있는 한 당신도 누구에게나 좋은 영향을 줄 수도 받을 수도 있다. 그 특별하지만 당연한 숨들이 존재한다면 당신은 살아 있는 것이니까. 우울이 내 일상을 뒤흔들어 놓고 나서는 내 인생에 더 솔직해졌다. 그럴수록 떳떳해지고 싶어졌다. 비록 지나온 과거의 상처와 잘못들은 끌어안고 책임져야 하지만 그렇기에 더 좋은 영향들을 나누며 즐거워질 수 있지는 않을까?

좋은 자세로 죽어가겠습니다
© 박운

초판 1쇄 인쇄 2021.11.11
초판 1쇄 발행 2021.11.11

지은이 박운
표지 박운
작가사진 이현석

제작 박운

발행처 운
출판등록 2020년 2월 7일 제2020-04호
문 o instagram.com/crepuscular.ray
메일 xxuxxny@naver.com

ISBN 979-11-969713-2-8
값 14,000원

• 이 책에 실린 모든 글에 대한 권리는 저자의 소유이며 허락을 구하지 않은 불법적인 복제 및 사용을 금합니다.
• 이 책에서는 네이버에서 제공한 나눔글꼴(강인한 위로, 미래나무) 및 (한국저작권위원회, 안중근체, 공유마당, OFL)과 본명조가 사용되었습니다.